Keith Henderson
Außenbordmotoren

Keith Henderson

Außenbord-motoren

Kaufen – Fahren – Warten

Übersetzung: Thomas F. Knevels

Klasing & Co GmbH

Veröffentlicht 1992 A & C Black (Publishers) Limited,
35 Bedford Row, London WC1R 4JH
unter dem Titel THE OUTBOARD MOTOR MANUAL
Copyright © Keith Henderson 1992

Die Deutsche Bibliothek – CIP-Einheitsaufnahme

Henderson, Keith:
Außenbordmotoren: kaufen – fahren – warten / Keith Henderson.
Übers.: Thomas F. Knevels. – 1. Aufl. – Bielefeld: Klasing, 1993
  (Yacht-Bücherei; Bd. 104)
  Einheitssacht.: The outboard motor manual <dt.>
ISBN 3-87412-145-3
NE: GT

1. Auflage
ISBN 3 87412 145 3

Alle Rechte für die deutsche Ausgabe
liegen beim Verlag Klasing & Co. GmbH, Bielefeld
Titelfoto: Hans-Günter Kiesel
Umschlaggestaltung: Ekkehard Schonart
Fotos, Zeichnungen und Tabellen wurden freundlicherweise von folgenden Firmen zur Verfügung gestellt: Honda Marine Europa, Marine Power Europa, OMC Europa, Suzuki Motor Company, Tohatsu (Volvo Deutschland), Yamaha Motor Europa, Yanmar Diesel Engine Company, Foto S. 135 Kai Greiser
Druck: Kunst- und Werbedruck, Bad Oeynhausen
Printed in Germany 1993

Alle Rechte vorbehalten! Ohne ausdrückliche Erlaubnis des Verlages darf das Werk, auch nicht Teile daraus, weder reproduziert, übertragen noch kopiert werden, wie z. B. manuell oder mit Hilfe elektronischer und mechanischer Systeme inklusive Fotokopieren, Bandaufzeichnung und Datenspeicherung.

Inhalt

Einführung 7

1 Was ist ein Außenborder? 9
   Die Anfänge 9
   Die Jagd nach der Geschwindigkeit 11
   Vorteile des Außenborders 13
   Außenborder oder nicht? 17
   Die Auswahl eines Außenborders 17
   Das Innenleben des Außenborders 22
   Das Unterwasserteil 38

2 Die Wahl des richtigen Motors 46
   Allgemeine Gesichtspunkte 46
   Welches Boot? 47
   Einzel- oder Doppelmotorisierung? 61

3 Die Praxis 62
   Die Installation 62
   Motortrimm 70
   Radsteuerung 76
   Fernschaltung 78
   Instrumente 79
   Das Kraftstoffsystem 85
   Separate Kraftstofftanks 85
   Das elektrische System 88

4 Propeller 92
   Auswahl und Anbau des Propellers 92
   Motorleistung 100
   Propellerschutz 103
   Propellertypen 104

Werkstoffe 108
Propellerprobleme 109
Testen der Installation 112

5 Die Wartung Ihres Außenborders 114
Übernahmeinspektion 114
Einfahren 115
Kraft- und Schmierstoffe 116
Der Betrieb Ihres Außenborders 121
Wartung 123

6 Sicherheit an Bord 130
Der „sichere" Motor 130
Rettungswesten 132
Bilgepumpen 132
Feuerlöscher 133
Sonstige Sicherheitseinrichtungen 134

7 Boot fahren – was sonst noch dazu gehört 137
Ohne Führerschein geht's (meist) nicht 137
Bootskennzeichen müssen sein 139
Flagge zeigen 139
Club-Mitgliedschaft 140

Anhang A Wichtige Ersatzteile und Werkzeuge. 142
Anhang B Einwintern 144
Anhang C Motor über Bord – was tun? 146
Anhang D Ausstattungstabelle 148
Stichwortverzeichnis 154

Einführung

Beim Schreiben dieses Handbuchs habe ich versucht, immer daran zu denken, was ein neuer Eigner über einen Außenborder wissen muß – vor und nach dem Kauf. Ob Sie noch auf der Suche nach einem Motor sind oder gerade einen erworben haben und nun das Beste daraus machen wollen, dieses Außenborderbuch soll Ihnen dabei helfen.

Für einen Neuling in der Welt der Außenborder ist das riesige Angebot auf dem Markt äußerst verwirrend. Die Entscheidung für einen Hersteller kann schwierig sein; die Wahl unter den vielen unterschiedlichen Modellen einer Marke ist noch schwieriger. Heute wird die Branche von vier Herstellern beherrscht, zwei amerikanischen und zwei japanischen, die multinational präsent sind. Brunswick verkauft Motoren unter den Markennamen „Mercury", „Mariner" und „Force" (früher Chrysler), Outboard Marine unter „Evinrude" und „Johnson", „Yamaha" und „Suzuki" vermarkten ihre Produkte unter ihren eigenen Namen, wobei einige Suzuki-Modelle in den USA auch mit dem Markennamen „Spirit" angeboten werden.

Das Verfolgerfeld wird von Tohatsu angeführt, wo auch ein Teil der Nissan-Außenborder gefertigt wird. Yanmar baut eine Baureihe von Diesel-Außenbordern, Honda bietet Viertakter an. In Europa stellt Selva aus Italien Außenborder her, ebenso der kleinere englische Produzent British Seagull und, als einziger nennenswerter Lieferant aus Osteuropa, Tomos in Slowenien. Einige wenige weitere unabhängige Firmen bauen spezielle Motoren in relativ kleinen Serien.

Einführung

Angesichts des breiten Angebots soll dieses Außenborderbuch alle notwendigen Informationen über die Besonderheiten liefern, die die Hersteller in ihre Motoren packen, und Ihnen die Entscheidung erleichtern, was davon notwendig, was „ganz nett" und was unnötig oder unsinnig ist. Dieses soll nicht nur ein Buch sein, das man von der ersten bis zur letzten Seite durchliest, sondern eben auch ein Handbuch zum Nachschlagen. Wenn es nötig ist, ein bestimmtes Thema in mehreren Kapiteln zu behandeln, kann es auch mehrfach auftauchen, damit jeder Teil des Buches in sich vollständig ist und Sie nicht immer wieder hin- und herblättern müssen.

Keith Henderson

1 Was ist ein Außenborder?

Die Anfänge

Die Geschichte des Außenbordmotors begann einige Zeit bevor irgend jemand an so etwas dachte. Der erste Außenborder tauchte vor etwas mehr als hundert Jahren auf der Bildfläche auf, doch er war bereits selbst das Ergebnis einer Serie von Erfindungen, die weit zurückführen in die frühen Jahre motorisierter Fahrzeuge.
In den Anfangstagen mechanischer Fortbewegung hatten Boote einfach verkleinerte Versionen der dampfgetriebenen Schaufelräder, die auf großen Schiffen eingesetzt wurden. Die erste Abkehr vom Dampf kam 1838, als ein russischer Physiker, Professor Jacobi, einen Elektromotor mit einem Satz Schaufelrädern koppelte. Aber Schaufelräder waren unhandlich und nicht besonders wirkungsvoll, und so dauerte es bis zur Erfindung der Schiffsschraube einige Jahre später, daß die Neuerer dieses Zeitalters darauf kamen, ein kompaktes, handliches Gerät zu bauen, um ein Boot durchs Wasser zu schieben.
1866 erhielt T. Reece aus Philadelphia ein Patent auf einen Schraubenpropeller. Seine Erfindung, ein handbetriebener, auf Muskelkraft angewiesener Antrieb, hatte bereits einige Besonderheiten, die später in die Konstruktion des Außenbordmotors einfließen sollten. Er konnte von einem Boot zum anderen bewegt werden und wurde mit Klemmschrauben befestigt. Er steuerte das Boot und sorgte für Vortrieb. Die waagerechte Propellerwelle wurde, wie bei heutigen Motoren, über einen Satz von Kegelrädern und eine senkrechte Antriebswelle in Bewegung versetzt.
Etliche Variationen des Themas folgten, darunter Pedalantrieb, aber es sollten 15 Jahre vergehen, bis es eine brauchbare Maschine für den Antrieb gab. Es war der Franzose Trouvé, der als Erfinder des Außenbordmotors gelten kann. Sein Prototyp „Motor mit Schraube", ein Elektromotor, der den Propeller über eine Kette antrieb, wurde 1881 auf der Pariser

1 Was ist ein Außenborder?

Ausstellung gezeigt. Andere Konstruktionen von Elektro-Außenbordern folgten während der nächsten Jahre; die Erfinder kamen von beiden Seiten des Atlantik.

Den ersten Benzin-Außenborder baute 1896 die American Motors Company in New York. Der Einzylinder-Viertakter mit 544 cm^3 Hubraum leistete 1 bis 2 PS bei stattlichen 400 bis 600 Umdrehungen pro Minute. Dieser Außenborder war auch in anderer Beziehung bemerkenswert. Die Anordnung des Motors mit liegendem Zylinder und senkrechter Kurbelwelle ist bis heute unverändert geblieben. Die Pinne konnte nicht nur zum Steuern seitlich geschwenkt werden, sondern auch nach oben und unten, zur Verstellung der Propellerflügel: So konnte die Fahrtrichtung ohne kompliziertes Getriebe von vorwärts auf rückwärts verstellt werden. Die meisten Außenborder-Konstruktionen der Folgezeit blieben Konstruktionen. Einige erreichten das Stadium von Prototypen, und sehr wenige wurden in wirtschaftlichen Stückzahlen produziert. Ein Jahrhundert später sind all die Namen der Pioniere Geschichte, nur einen gibt es noch heute.

Es war der unternehmungslustige Ole Evinrude, der sich vorstellen konnte, daß man den Okauchee in Wisconsin bequemer überqueren könnte als mit dem Ruderboot. Vielleicht war es der heiße Sommer von 1906, der seine Kreativität beflügelte – man sagt, er wollte über den See, um einer jungen Dame ein Eis zu verehren – jedenfalls verbrachte er danach viel Zeit mit der Arbeit an einem Motor, den man am Heck eines Ruderbootes anbringen konnte. Oles Prototyp wurde 1907 fertiggestellt und bestand aus einem liegenden Zylinder mit senkrechter Kurbelwelle und einer Antriebswelle mit Wechselgetriebe in einem unter Wasser angeordneten Gehäuse.

Evinrudes erste Außenborder entwickelten 1^1/$_2$ PS und wurden vor Ort an Freunde verkauft, doch bald kamen Aufträge aus entfernteren Gegenden. Auf Betreiben seiner Frau gründete er schließlich in Milwaukee die Evinrude Motor Company, und ein Markenname war geboren.

Die Jagd nach der Geschwindigkeit

Es war die Erfindung des Explosionsmotors gegen Ende des letzten Jahrhunderts, die die Geburt des Motorboots auslöste. Dampfyachten waren den Superreichen vorbehalten gewesen. Der Benzinmotor jedoch war kompakt und einfach zu bedienen, und bald begannen ganz normale Menschen, zu ihrem Vergnügen Boot zu fahren. Wie die menschliche Natur nun einmal ist, kam mit der Entwicklung des Motorboots auch der Drang zu immer höheren Geschwindigkeiten. Dazu war mehr nötig als die Installation immer größerer Motoren. Verdrängerrümpfe, wie sie damals der Normalfall waren – und es bei kommerziellen Booten heute immer noch sind – erreichen nur eine begrenzte Geschwindigkeit.
Die Lösung des Problems kam von den Polynesiern, die Tausende von Jahren mit Segelbooten über die See gerast waren. Sie konnten nicht einfach ein paar PS drauflegen; sie waren vollständig vom Wind abhängig. Die Fahrzeuge der Polynesier waren grundsätzlich verschieden von dem, was man bei uns gewohnt war: Sie rutschten, sie glitten über die Oberfläche, anstatt sich den Weg durch das Wasser zu bahnen.
Um hohe Geschwindigkeiten zu erreichen, mußte der Rumpf des Bootes zum Gleiten konstruiert sein. Für schnelle Gleitfahrt sollte so wenig Rumpfoberfläche wie möglich Kontakt mit dem Wasser haben, weil die Reibung des Wassers, der Widerstand, das Boot bremst. Der Konstrukteur muß sich daher besonders um die Gewichtsverteilung kümmern, besonders um das nicht unbedeutende Gewicht von Motor und Getriebe. Bei einem Einbaumotor wird das Boot um so mehr ins Wasser gedrückt, je weiter vorn der Motor installiert ist. Damit wird die benetzte Oberfläche größer und das Boot langsamer. Wenn das Gewicht weiter nach hinten verlagert werden kann, ist ein kleinerer Teil der Rumpffläche in Kontakt mit dem Wasser- und das Boot wird entsprechend schneller.
Den Motor weiter nach achtern zu rücken, schafft ein anderes Problem, weil der Winkel des Antriebs zur Horizontalen größer wird, bis irgendwann die Benzin- und Ölversorgung beeinträchtigt wird. Außerdem wird bei steil angestellter Welle die Antriebswirkung des Propellers geringer.

1 Was ist ein Außenborder?

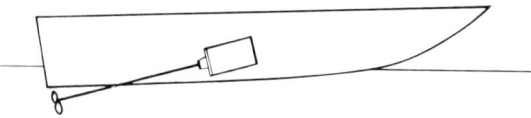

Ein schwerer Motor mittschiffs drückt das Boot ins Wasser, erhöht dadurch die benetzte Rumpfoberfläche und erschwert die Gleitfahrt.

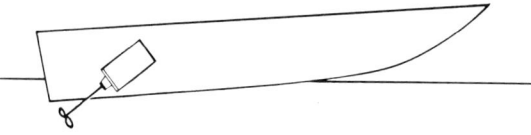

Verlegt man den Motor weiter nach achtern, wird zwar die benetzte Oberfläche geringer, aber der Winkel der Propellerwelle zu steil. Das bedeutet Schubverlust.

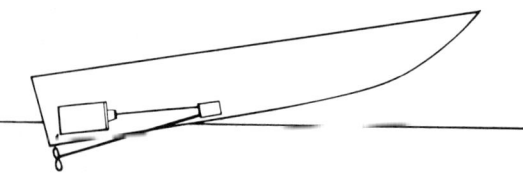

Der sogenannte V-Antrieb kann ein guter Kompromiß sein.

Ein Weg zur Vermeidung dieses Problems ist die Verwendung eines V-Antriebs, wie er in Rennbooten oft eingesetzt wird.
Eine andere Möglichkeit ist es, den Motor so weit nach hinten zu verlagern, daß er hinter dem Heck hängt – genau das passiert, wenn Sie einen Außenborder verwenden. Das Ergebnis ist, daß ein gegebener Rumpf eine erheblich höhere Geschwindigkeit erreichen wird als mit einem Innenborder.
Da wir einmal beim Thema der Antriebsauslegung sind, sollte man den Z-Antrieb einmal erwähnen. Er ist eine Kreuzung aus Einbaumotor und

Außenborder. Ein innen eingebauter Motor ist gekoppelt mit einem Antriebsteil außen am Spiegel. Das Prinzip wurde 1892 von dem Franzosen Alfred Seguin in Paris an seinem Prototyp „Motogodille" erprobt; der moderne Z-Antrieb allerdings stammt von dem Amerikaner Jim Wynne. Volvo Penta erkannte als erstes Unternehmen das Potential von Wynnes Erfindung für den Bootsantrieb. Die Kombination der Vorteile von Innen- und Außenbordern wurde 1959 auf der New York Boat Show erstmals vorgestellt und dominiert heute den Markt der Motorboote von 6 bis 11 Meter Länge.

Der Einbau eines Z-Antriebs ist relativ einfach. Da Gewicht und Vortriebskräfte zum größten Teil auf den Spiegel einwirken, braucht der Rumpf keine großen verstärkten Fundamente für Motor und Getriebe, wie sie bei Innenbordern nötig sind. Die Probleme mit der beim Innenborder schwierigen Ausrichtung der Welle werden geringer oder entfallen überhaupt. Zudem braucht der Z-Antrieb im Gegensatz zum Innenborder nur einen einzigen Durchbruch im Rumpf; Kraft, Kühlwasser und Abgas laufen durch ein zentrale Öffnung zur Antriebseinheit.

In der Anwendung hat der Z-Antrieb einige wichtige Vorzüge. Wie beim Außenborder kippt der Antrieb einfach hoch, wenn er ein Objekt unter Wasser trifft. Ebenfalls wie beim Außenborder kommt das gesamte Antriebspaket von einem einzigen Hersteller, der für Garantie und Service verantwortlich ist.

Trotzdem bleibt der Z-Antrieb im Grunde ein Einbaumotor mit den für Innenborder typischen Nachteilen.

Vorteile des Außenborders

Wir haben bereits erklärt, wie die Position des Motors im Boot dafür sorgt, daß ein Gleitboot mit Außenborder mehr Fahrleistung bringt als mit Einbaumotor. Tatsächlich kann der Außenborder noch weiter nach achtern rücken, und zwar mit speziellen Halterungen, an denen der An-

trieb weit hinter dem Spiegel gehalten wird; das bringt noch mehr Geschwindigkeit. Mehr über diese Halterungen in Kapitel 3.
Der Außenborder hat etliche weitere Vorteile, die erwähnenswert sind. Er kann auf ein anderes Boot versetzt werden, ohne daß größere Kosten entstehen. Er wird aus Aluminium-Druckguß gefertigt und ist damit bedeutend leichter als vergleichbare Innenborder, bei denen der gußeiserne Block, das separate Getriebe, die dicke Edelstahlwelle, Lager, Ruderanlage und Ruder für jede Menge Gewicht sorgen. Tatsächlich können Sie, wenn Sie halbwegs bei Kräften sind, einen Außenborder bis etwa 25 PS* sogar tragen.
Der Außenborder schafft auch mehr Platz im Boot, denn der ganze Antrieb liegt außenbords (außer dem Tank, der bei den meisten Typen über 5 PS separat im Boot untergebracht werden muß). Er kann leiser sein, zumindest für die Insassen des Boots: Wenn Sie Fernsteuerung und -schaltung benutzen, sitzen Sie weit vor dem Motor anstatt darauf oder daneben wie bei einem Inneneinbau. Letztlich müssen, mit Ausnahme der Spiegelbefestigung, keine Löcher ins Boot gebohrt werden, also entfällt das Risiko von undichten Stellen.
Ein Boot mit Außenborder kann in oichterem Wasser leichter geslipt werden als eines mit Einbaumotor, denn der ganze Motor läßt sich, einschließlich Propeller, hochkippen. Das bedeutet auch, daß der Trailer nicht so weit ins Wasser muß, was Korrosionsschäden an den Radlagern verhindert.
Der größte Vorteil eines Außenborders gegenüber einem Einbaumotor ist seine Fähigkeit, nach oben zu schwenken, wenn er auf ein Hindernis unter Wasser trifft. Einige Hersteller zeigen in ihren Werbevideos einen „Baumstamm-Test", bei dem ein mit einem Außenborder ausgerüstetes

---

*Nach dem internationalen Einheitensystem SI gibt es die PS schon seit 1978 nicht mehr. Die seitdem geltende Leistungseinheit für Motoren ist das Kilowatt (kW). Doch weder konnten die (Außenbord-)Motorenhersteller sich bis heute auf kW-Angaben einigen, noch mögen die Bootsfahrer von den ihnen so vertrauten PS lassen. Deshalb soll auch hier durchgehend von PS gesprochen werden. 1 PS = 0,74 kW.

Vorteile des Außenborders

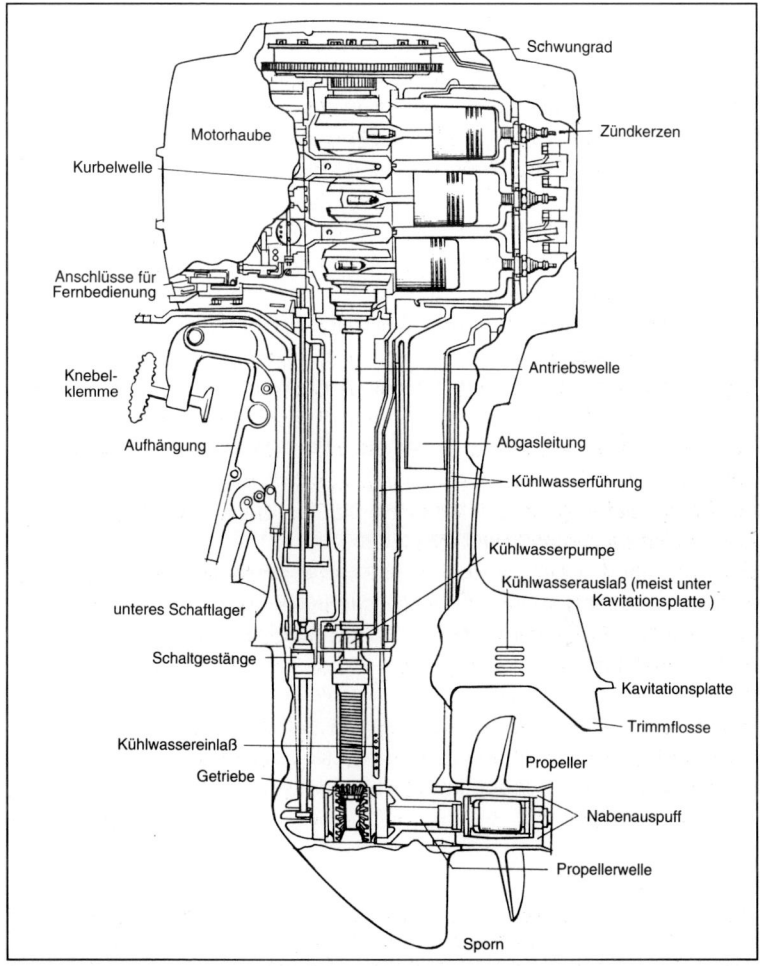

Schnittbild eines typischen Zweitakt-Außenborders. Der Antrieb erfolgt über eine senkrechte Welle im Schaft. Mit dem Schaltgestänge wird der Voraus- und Rückwärtsgang eingelegt.

1 Was ist ein Außenborder?

Boot mit hoher Geschwindigkeit über einen Telegrafenmast gefahren wird, der gerade eben unter der Wasseroberfläche treibt. Man braucht gute Nerven für diesen Test, denn wenn der Fahrer in letzter Sekunde kalte Füße bekommt und den Motor in den Leerlauf schaltet, kann es passieren, daß die Verriegelung für die Rückwärtsstellung einrastet, der Motor kann nicht hochschwenken und das Unterwasserteil geht in Trümmer.

Häufiger und in weniger brutaler Weise kommt diese Einrichtung beim Auflaufen auf ein Hindernis oder beim sanften Auffahren auf den Strand zum Einsatz. Bei einem Innenborder führt so etwas normalerweise zu schweren Schäden an Propeller, Welle und Ruder oder kann diese komplett abreißen.

Als komplette, kompakte Einheit ist ein Außenborder PS für PS erheblich preiswerter und leichter als eine in das Boot integrierte Antriebsanlage, die aus Maschine, Getriebe, Stevenrohr, Welle, Wellenlagern und Ruder besteht.

Ein Außenborder läßt Ihnen beim Verkauf des Bootes die Wahl: Sie können den Motor mit dem Boot verkaufen oder ihn auf ein neues Boot mitnehmen. Wenn Sie Ihr Boot stärker motorisieren wollen, können Sie es einfach mit einem größeren Motor ausrüsten. Bei einem Innenborder sind diese Möglichkeiten wegen des großen Material- und Arbeitsaufwands weit weniger attraktiv.

Wenn bei einem Einbaumotor etwas schiefgeht, kommen hohe Kosten für den Ausbau des defekten Teils auf Sie zu. Möglicherweise muß sogar ein Mechaniker an Bord kommen. Einen kleineren Außenborder hängen Sie einfach ab und bringen ihn zur Reparatur oder zum Überwintern in die Service-Werkstatt.

Außenborder oder nicht?

Ein Außenborder ist nicht für jede Anwendung die richtige Wahl, aber auf vielen Gebieten ist er der Konkurrenz überlegen. Die nachfolgende Liste bewertet Außenborder, Innenborder und Z-Antriebe auf einer Skala von 1 (gut) bis 3 (schlecht).

	Außenborder	Z-Antrieb	Innenborder
Gewicht	1	2	3
Anschaffungspreis	1	2	3
Einbaukosten	1	2	3
Wassern	1	1	3
Auflaufen	1	1	3
Platzbedarf	1	2	3
Servicefreundlichkeit	1	2	3
Zuverlässigkeit (Otto)	1	1	1
Betriebskosten	3	1	1
Diebstahlsrisiko	3	1	1
Austausch	1	2	3

Die Auswahl eines Außenborders

Eine bequeme Einteilung der verschiedenen Außenborder kann man anhand des verwendeten Kraftstoffs treffen.

Die kleinsten Außenborder sind Elektromotoren. Sie werden wegen ihrer leisen Arbeitsweise meist von Sportanglern verwendet und sind ideal zum Fahren in flachen Gewässern. Da sie keinerlei Emissionen haben, gewinnen sie zunehmend an Beliebtheit und sind auf einigen Gewässern die einzige erlaubte mechanische Antriebsquelle.

Eine große Auto- oder Lkw-Batterie reicht normalerweise für einige Stunden Fahrt, abhängig natürlich von der Geschwindigkeit. In den USA benutzt man Elektromotoren oft zusammen mit größeren Benzin-Außenbordern von 100 PS und mehr auf sogenannten „Bass Boats", das sind spezielle Boote zum Sportangeln. Der große Motor dient dazu, schnellstmöglich zu den guten Angelplätzen zu kommen, dann wird er abgeschal-

1 Was ist ein Außenborder?

tet, und der Elektromotor bugsiert das Boot ganz leise dahin, wo das Echolot mögliche Fische anzeigt. Es gibt da sogar schwarze oder transparente Propeller. Die Wahl der Farbe hängt davon ab, welche nach Ansicht des Anglers die Fische am wenigsten erschreckt!

1988 brachte der japanische Hersteller Yanmar einen Diesel-Außenborder in größeren Stückzahlen auf den Markt. Bis dahin hatte es solche Motoren nur in kleinen Stückzahlen für besondere Einsatzfälle von Ruggerini und Selva (Italien) gegeben.

Diesel-Außenborder eignen sich hauptsächlich für den professionellen Einsatz, sind sie doch viel schwerer als Benziner vergleichbarer Leistung. Sie verbrennen einen weniger flüchtigen Kraftstoff, was Sicherheitsvorteile bringt, und der spezifische Verbrauch ist geringer, was bei sehr hohen Laufzeiten die höheren Anschaffungskosten annähernd wettmacht. Ein weiterer Bonus ist, daß an professionelle Betreiber in manchen Ländern Diesel steuerfrei abgegeben wird.

Der Außenborder, den wir landläufig kennen, läuft mit Benzin. Die weitaus meisten Außenborder arbeiten nach dem Zweitaktprinzip. In den letzten Jahren ist das Angebot an Viertaktern breiter geworden. Die bekanntesten Hersteller sind hier Honda und Yamaha.

Die Firma Honda, deren Angebot bis vor kurzem nur bis 20 PS reichte, bringt nun als erster Hersteller seit der Produktionseinstellung des 55 PS starken Homelite/Bearcat 1972 wieder starke Viertakt-Außenborder für schnelle Runabouts und Kajütboote auf den Markt. Bei den großen Herstellern herrscht zunehmendes Interesse an solchen Motoren, und es wird nicht lange dauern, bis mehr Produzenten ihre Zweitakt-Baureihen durch Viertakter ergänzen.

Vergleich zwischen einem Benzin- und einem Dieselaußenborder.

Kraftstoff	Benzin	Diesel
Modell	Yamaha 25 D	Yanmar 27
Leistung PS/min^{-1}	25/5500	27/4500
Hubraum (cm^3)	430	808
Gewicht (kg)	47	87
Verbrauch (l/h)	12,0	6,8

Die Auswahl eines Außenborders

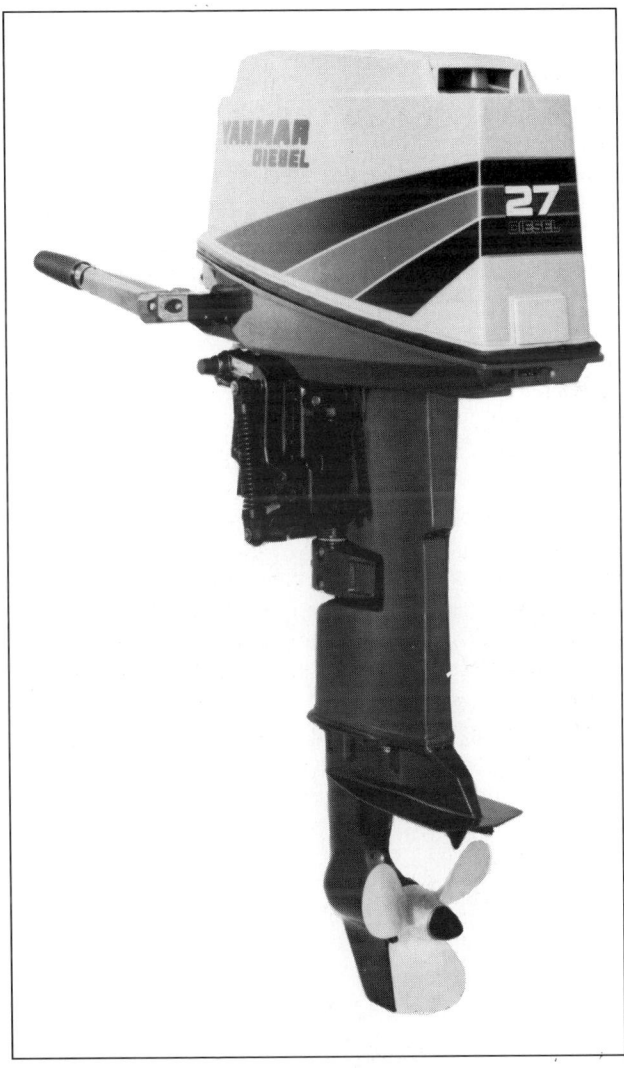

Der Yanmar 27-PS-Diesel. Bereits in den 70er Jahren kamen die Italiener mit Dieselaußenbordern auf den Markt. Sie konnten sich jedoch nicht durchsetzen.

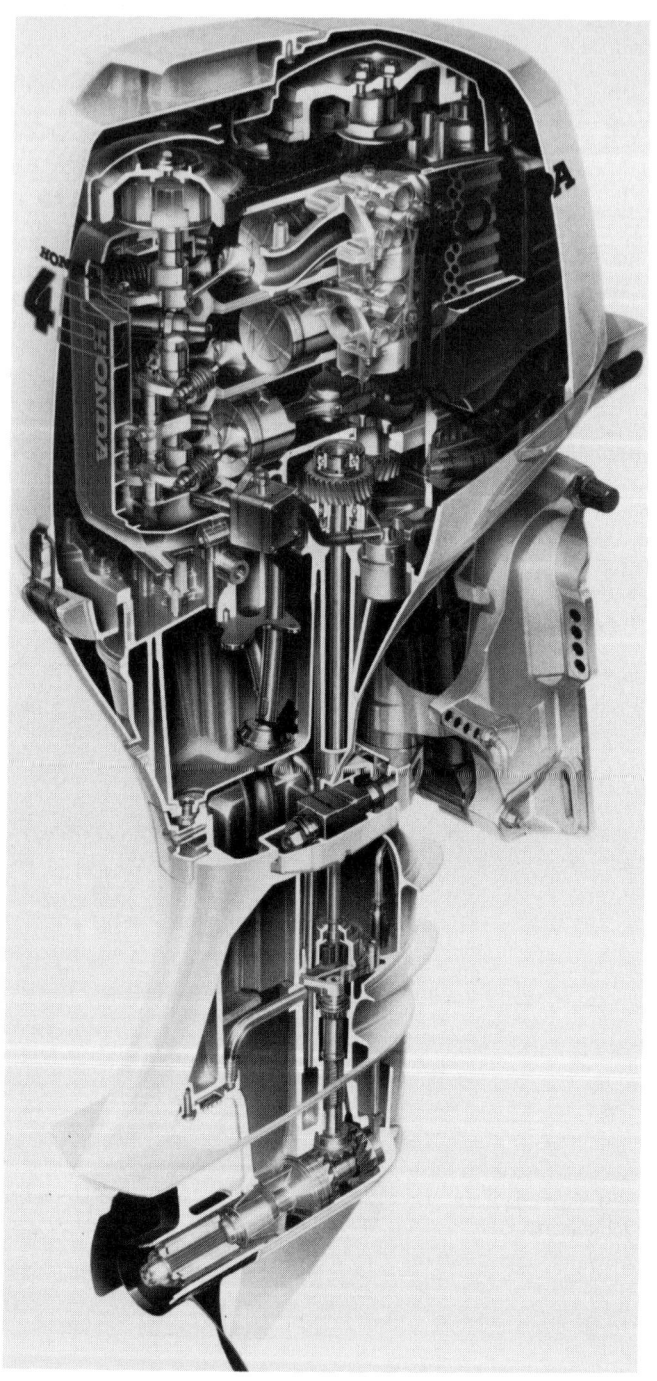

Die Auswahl eines Außenborders

Vorteile des Viertakt-Außenborders gegenüber dem Zweitakter sind ein niedrigerer Schadstoffausstoß, ein gleichmäßigerer Leerlauf und ein geringerer Spritverbrauch. Dagegen stehen höhere Anschaffungskosten, größerer Serviceaufwand und höheres Gewicht. Der Vorteil durch die Verwendung von reinem Benzin (verglichen mit dem Benzin-Öl-Gemisch der Zweitakter) hat sich in den letzten Jahren durch die Einführung der automatischen Öleinspritzung bei den meisten Außenbordern verringert. Es ist nicht Sinn dieses Buches, im Detail auf die Arbeitsweise des Verbrennungsmotors einzugehen. Trotzdem gibt es eine Besonderheit beim Zweitakt-Außenborder, die man verstehen sollte, um die richtige Kaufentscheidung zu treffen: die Methode der Zylinderspülung, also des Füllens und Entleerens des Zylinders. Da gibt es zwei grundsätzlich verschiedene Arten, die Querstrom- und die Umkehrspülung.

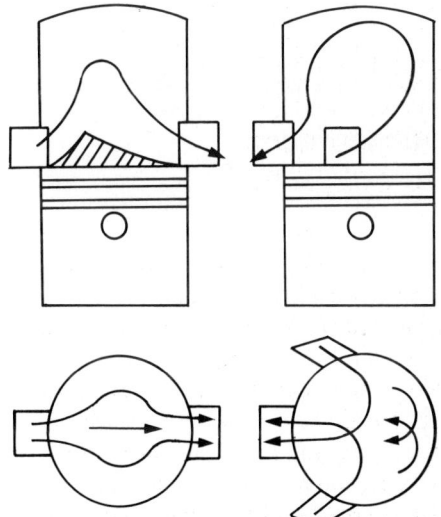

Querstromprinzip (links) und Umkehrspülung (rechts).

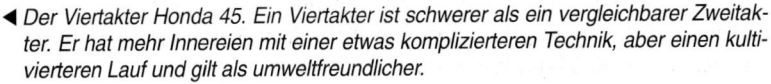

◄ *Der Viertakter Honda 45. Ein Viertakter ist schwerer als ein vergleichbarer Zweitakter. Er hat mehr Innereien mit einer etwas komplizierteren Technik, aber einen kultivierteren Lauf und gilt als umweltfreundlicher.*

Das Querstrom-Verfahren sorgt für einen ruhigeren Leerlauf, bringt aber bei gleichem Hubraum weniger Leistung als die Umkehrspülung. Auch der Kraftstoffverbrauch ist etwas höher. Deshalb findet man Querstrom-Motoren hauptsächlich bei kleinen Außenbordern, wo das Leerlaufverhalten die prinzipbedingten Nachteile wettmacht.

Die Umkehrspülung ist eine Verbesserung, die von einem deutschen Ingenieur namens Schnürle entwickelt wurde – daher die vollständige Bezeichnung Schnürle-Umkehrspülung. Sie ermöglicht eine höhere Leistung pro Liter Hubraum als jedes andere Verfahren. Der Benzinverbrauch ist ebenfalls günstig, lediglich der Leerlauf muß relativ hoch gehalten werden, sonst bricht die „Schlinge" im Brennraum zusammen, der Motor stottert oder geht ganz aus. In dieses Problem wurde inzwischen eine Menge Entwicklungsarbeit investiert, und inzwischen ist der Nachteil so gering geworden, daß mehr und mehr kleine Motoren ebenfalls Umkehrspülung verwenden.

Das Innenleben des Außenborders

Schmierung

Ein moderner Zweitaktmotor reagiert prinzipiell empfindlicher auf die Verwendung einer falschen Ölsorte als ein Viertakter. Das gilt auch im Vergleich zu früheren Zweitakt-Modellen. Ältere Außenborder sind konstruktiv für eine Vielzahl verschiedener Schmiermittel ausgelegt, von Rizinus bis hin zu Altöl aus Automotoren, aber diese Großzügigkeit forderte einen hohen Preis, besonders zu Lasten der Umwelt. Benzin/Öl-Gemische von 10:1 waren an der Tagesordnung und sorgten für verölte Kerzen, nicht zu reden von großen Wolken blauen Rauchs hinter dem Boot. Das 10:1-Gemisch war nötig, damit unter allen Umständen genug Öl an die zu schmierenden Oberflächen gelangte; daß der Rest durch leckende Dichtungen oder durch den Auspuff außenbords ging, schien damals nicht viele Leute zu stören.

Heute gibt es speziell entwickelte Außenborder-Öle, die Gemische bis zu 150:1 erlauben. Das ist ein großer Fortschritt für die Umwelt, schränkt aber die Möglichkeiten des Anwenders ein. Ein Motor, der speziell auf eine bestimmte Ölqualität hin entwickelt wurde, kann bei Verwendung einer falschen Sorte irreparabel beschädigt werden.
Um besser zu verstehen, was an einem Außenborder-Öl so speziell sein muß, sollte man sich die Anforderungen klarmachen. Zuerst einmal muß, wie bei allen Zweitaktern, das Öl vom Benzin zu allen Schmierstellen transportiert werden. Um das zu ermöglichen, muß sich das Öl leicht mit dem Benzin vermischen; wenn nicht, liegt das Öl am Tankboden, das Benzin darüber, und eher früher als später bleiben wichtige bewegliche Teile ohne Öl – teure Schäden sind die unausweichliche Folge.
Ein Außenborder hängt die meiste Zeit am Spiegel eines Bootes in einer feuchten, oft salzhaltigen Atmosphäre. Das sind die perfekten Voraussetzungen für Korrosion an ungeschützten Metallteilen, es sei denn, diese sind durch einen Ölfilm geschützt. Genau das ist der zweite Zweck, den das Öl erfüllen muß.
Zum dritten muß man sich darauf verlassen können, daß Zweitakt-Außenborderöl im Zylinder vollständig verbrennt. Unverbrannte Ölrückstände würden die Zündkerzen zusetzen oder, in Form von Ölkohle, so heiß werden, daß sie das frische Kraftstoff-Luft-Gemisch beim Eintritt in die Brennkammer entzünden, bevor die Zündkerze ihre Arbeit tun kann (Frühzündung). Das führt schnell zu Motorschäden, zum Beispiel Löchern im Kolben.
Viertens muß Außenborder-Öl ein besonders guter Schmierstoff sein, denn Außenborder entwickeln aus relativ kleinen Blocks viel Leistung. Außerdem laufen sie, anders als normale Motoren, lange Zeit bei gleichbleibenden Drehzahlen, was ebenfalls hohe Ansprüche an die Qualität des Schmierstoffs stellt.
Der normale Weg, Öl an die Schmierstellen zu bringen ist, ihn dem Benzin im Tank beizumischen. Öl und Benzin gelangen dann gemeinsam in flüssiger Form in den Vergaser, wo das Benzin verdampft und das Öl sich auf den Oberflächen im Motor niederschlägt.
In den 70ern und 80ern haben alle Hersteller alternative, einfachere

1 Was ist ein Außenborder?

Einer der kleinsten Außenborder mit serienmäßiger Öleinspritzung: der Suzuki 8. Bereits 1980 kam Suzuki als erste Außenbordermarke mit der direkten Öleinspritzung auf den Markt. Das Öl wird kurz vor dem Eintritt in das Kurbelgehäuse direkt in den mit Kraftstoff vermischten Luftstrom eingespritzt.

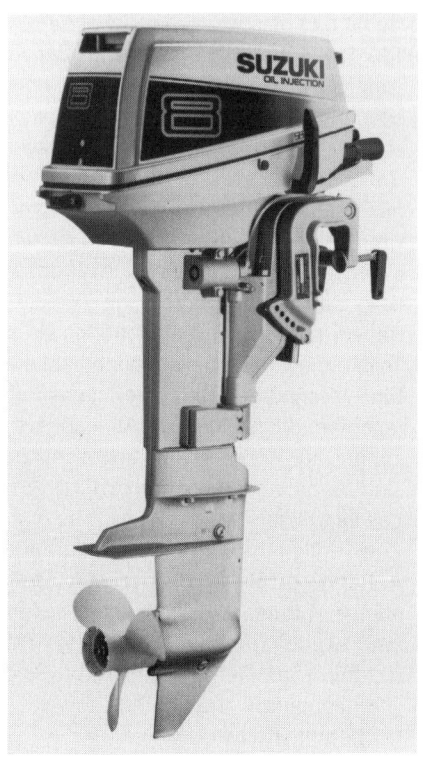

Methoden eingeführt, dies zu bewerkstelligen. Obwohl alle gleichermaßen von Öleinspritzung sprechen, gibt es genau betrachtet zwei Systeme: Echte Öleinspritzung und Ölmischung, die wiederum entweder mit variablem oder mit festem Mischungsverhältnis angeboten wird. Öleinspritzsysteme benutzen Öl aus einem separaten Öltank, der je nach Modell am Motor oder im Boot untergebracht ist. Das Öl gelangt durch Schwerkraft oder durch eine Förderpumpe zur Einspritzdüse, die normalerweise an der Motorbasis sitzt und von der Kurbelwelle angetrie-

Schmierung

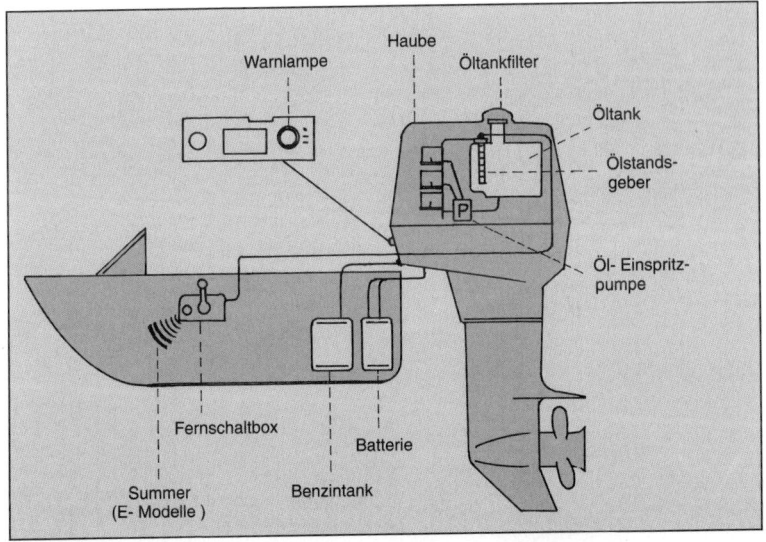

Yamahas Autolube Öl-Einspritzsystem.

ben wird. Die Pumpe bringt das Öl zu den einzelnen Zylindern und spritzt einen Teil in das Kurbelgehäuse, um sicherzustellen, daß sowohl die Kolben als auch die Kurbelwellenlager ausreichend geschmiert werden. Die Besonderheit bei diesem Verfahren ist, daß das Öl pur in die Maschine gespritzt und durch das einströmende, verwirbelte Benzin/Luft-Gemisch zu den zu schmierenden Teilen gebracht wird. Da die Pumpe von der Kurbelwelle angetrieben wird, ist die eingespritzte Ölmenge proportional der Drehzahl. Dabei ändert sich das Mischungsverhältnis von mageren 150:1 bei Leerlauf bis hin zu 50:1 bei Vollast.

Ölmischsysteme gibt es in zwei Varianten. Beide arbeiten nach demselben grundsätzlichen Prinzip, jedoch wird das Öl dem Benzin bei Systemen mit variabler Mischung im oder vor dem Vergaser zugemischt, bei Systemen mit festem Mischungsverhältnis am Tank oder in der Kraftstoffleitung.

1 Was ist ein Außenborder?

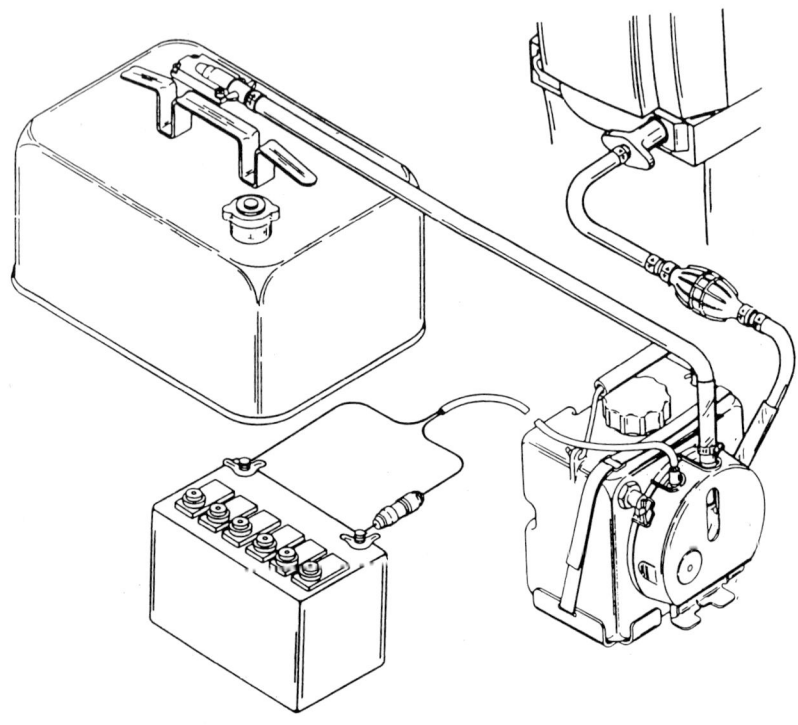

Das Autoblend Öl-Mischsystem von Mercury/Mariner für kleinere Motoren.

Kühlung

Die Idee einer luftgekühlten Maschine klingt verlockend, weil keine Wasserpumpe gebraucht würde. In der Praxis allerdings haben auch luftgekühlte Außenborder schon immer ein gewisses Maß an Wasserkühlung. Der Ventilator reicht aus, den Motor selbst zu kühlen, beim Auspuff-

rohr jedoch besteht die Gefahr der Überhitzung. Dann würde das Schmierfett an der Lenkung auslaufen, und die Steuerung wäre sehr schwergängig.
Bei den meisten luftgekühlten Motoren erhält deshalb der heißeste Teil der Maschine am Auspuff eine zusätzliche Wasserkühlung über ein Druckrohr hinter dem Propeller. Durch den Schub der Schraube wird Wasser das Rohr hinauf zum Motor gepreßt; eine Wasserpumpe ist nicht nötig. Der Trend zu leiseren und mit weniger ölhaltigen Gemisch kühler laufenden Maschinen hat den luftgekühlten Außenborder zugunsten der vollständig wassergekühlten Variante praktisch verschwinden lassen.

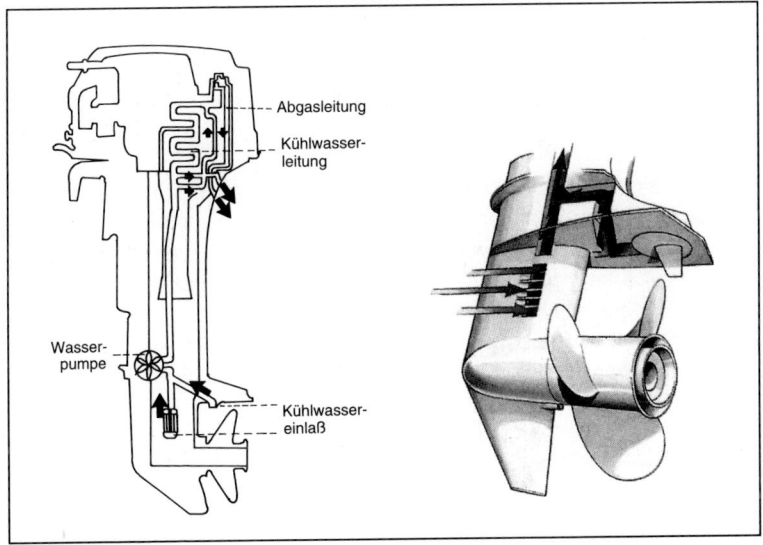

Doppelter Wassereinlaß als Überhitzungsschutz. Üblicherweise liegen die Schlitze für den Kühlwassereintritt seitlich am Unterwasserschaft. Eine Pumpe saugt das Kühlwasser an und drückt es durch das gesamte Kühlsystem. Nur allzu schnell sind die Kühlwasserschlitze von einer eingefangenen Plastikfolie verstopft, der Motor überhitzt und ist in kürzester Zeit reif für die Werkstatt. Suzuki und Tohatsu arbeiten mit einem zusätzlichen Nebeneinlaß an der Kavitationsplatte. Der Motor kann weiterarbeiten, wenn eine Einlaßöffnung verstopft ist.

Impeller von Wasserpumpen. Unten: 100 Stunden im Wasser. Oben: 100 Sekunden ohne Wasser!

Solange ein wassergekühlter Außenborder richtig behandelt, also nicht trocken in Betrieb genommen und gelegentlich zur Entfernung von Salzablagerungen mit Frischwasser gespült wird, kann die Wasserpumpe ihre Aufgabe sehr gut erfüllen. Unglücklicherweise lassen einige Eigner ihren Motor gern einmal an Land an; dabei verbrennt garantiert innerhalb von 30 Sekunden der Impeller oder die Pumpenabdeckung. Wenn man den Schaden nicht bemerkt, wird der Motor beim späteren Betrieb sehr schnell überhitzen; ein kapitaler Motorschaden ist so gut wie sicher – eine sehr kostspielige Lektion. Lassen Sie daher niemals einen Außenborder außerhalb des Wassers an.

Zündsysteme

Einen der größten Fortschritte in der Zuverlässigkeit von Außenbordern brachte die Einführung von elektronischen Hochenergie-Zündsystemen. Einige Hersteller haben dies auch genutzt, um eine neue Generation von Zündkerzen mit Ringelektroden einzuführen, die praktisch nicht mehr zusetzen. Während der letzten zehn Jahre hat auch die Magnetzündung zunehmend elektronischen Zündsystemen Platz gemacht, die bei neuen Modellen das alte System ersetzen; nur bei den kleinsten Modellen finden sich noch Zündmagneten.

In der Übergangsphase zur vollelektronischen Zündung verwenden einige Hersteller eine Kombination aus Mechanik und Elektronik mit mechanischem Verteiler und elektronischen Komponenten zur Erzeugung des Zündfunkens. Die meisten heutigen Systeme sind vollelektronisch, nur der Zündzeitpunkt ist verstellbar. Bei Außenbordern mit Handstart ist das Zündsystem völlig autonom, es erzeugt selbst die nötige elektrische Energie. Bei einigen Motoren mit Elektrostart ist auch die elektronische Zündung batteriebetrieben. Das hat den Nachteil, daß bei defekter oder leerer Batterie auch ein Notstart per Hand nicht mehr möglich ist.

Die Zuverlässigkeit der elektronischen Hochspannungszündung basiert darauf, daß ein Impuls produziert wird, der stark genug ist, auch bei schwer verkokten oder verölten Kerzen einen einwandfreien Funken zu erzeugen. Damit konnte dem Zweitakt-Außenborder die früher gefürchtete Unzuverlässigkeit ein für allemal ausgetrieben werden.

Motormanagement

Eine neue Entwicklung der Außenborder-Hersteller sind die elektronischen Motormanagement-Systeme großer Motoren, von denen die elektronische Zündung nur ein Teil ist. Sie beinhalten Warnfunktionen, die eintretende Fehler anzeigen, und stellen kontinuierlich Zündung und Vergaser entsprechend dem jeweiligen Betriebszustand ein. Zusätzlich überwacht das System wichtige Funktionsdaten wie Drehzahl, Kurbelwellenwinkel, Gasposition und Motortemperatur. Aus diesen Parametern stellt ein Mikroprozessor den Zündzeitpunkt so ein, daß optimale Leistung zur Verfügung steht. Das System kann darüber hinaus auch für einen schnellen Warmlauf sorgen und ein Abwürgen des Motors verhindern.

1 Was ist ein Außenborder?

Kraftstoffsysteme

Kleine Außenborder mit integrierten Tanks nutzen die Schwerkraft, um das Benzin aus dem Tank durch den Filter zum Vergaser zu bringen. Das bringt natürlich Einschränkungen bei der Plazierung und Größe des Tanks mit sich, und deshalb statten einige Hersteller auch kleinere Motoren mit Integraltanks serienmäßig mit einer Benzinpumpe aus. Das bringt den zusätzlichen Vorteil, daß einige dieser Modelle auch aus einem separaten Tank versorgt werden können.

Außenbordmotoren haben mindestens einen, oft mehrere Kraftstoffilter. Üblicherweise gibt es einen Gazefilter im Tank um den Benzinansaugstutzen (oder, bei Schwerkrafttanks, unten am Ausfluß). Ein Papier- oder Nylonfilter in der Benzinleitung vor der Kraftstoffpumpe dient bei größe-

Ein Kraftstoffilter, der groß genug ist, seine Aufgabe zu erfüllen. Schmutz ist in dem durchsichtigen Gehäuse gut zu sehen; die Filterpatrone aus Nylon läßt sich sogar wiederverwenden.

Kraftstoffsysteme

Ein Doppelvergaser; in der unteren Einheit ist die Benzinpumpe integriert.

ren Motoren gleichzeitig als Wasserabscheider, und ein weiterer Gazefilter an der Pumpe ist ebenfalls üblich.

Um die Gefahr von Dampfblasenbildung wegen hoher Temperaturen unter der Haube zu verhindern, setzen einige Hersteller wassergekühlte Benzinpumpen ein. Bei etlichen kleinen Außenbordern wurde eine Konstruktion gewählt, die Benzinpumpe und Vergaser zu einer kompakten Einheit zusammenfaßt.

Größere Motoren brauchen mehr Sprit, deshalb haben sie häufig zwei oder mehr Kraftstoffpumpen.

1 Was ist ein Außenborder?

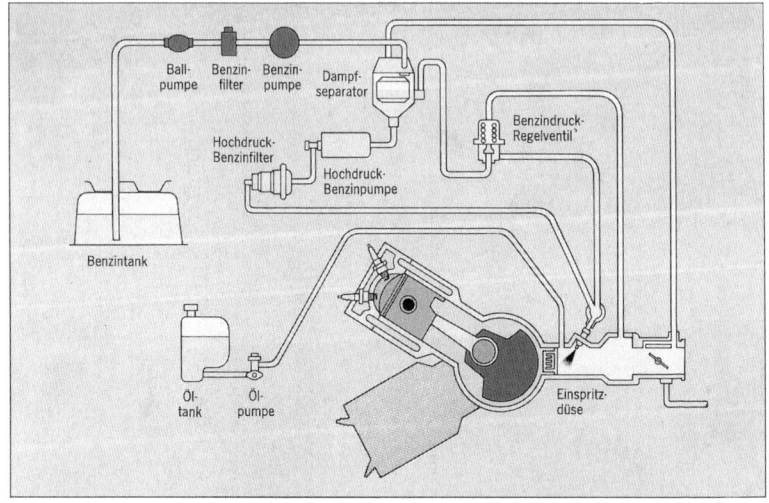

Das elektronische Benzin-Einspritzsystem von Suzuki. Kraftstoff-/Luftverwirbelung und Zündzeitpunkt werden kontinuierlich überwacht und dem jeweiligen Betriebszustand des Motors angepaßt. Er beschleunigt besser bei geringstmöglichem Verbrauch.

Ursprünglich für den Rennsport entwickelt, wird von vielen Herstellern für die großen V6-Motoren eine elektronische Kraftstoffeinspritzung (electronic fuel injection, EFI) anstelle der serienmäßigen Vergaserbestückung angeboten.

Vergaser gibt es in jeder Form und Größe; normalerweise sind sie mit nicht verstellbaren Düsen ausgerüstet, deren Größe vom Hersteller nach umfangreichen Tests festgelegt wurde. In manchen Fällen, so bei Booten, die auf einem Bergsee benutzt werden, muß die Düse ausgetauscht werden, doch sollte man diesen kniffligen Job dem Hersteller oder Importeur überlassen.

Die Leerlauf-Anschlagschraube darf man nicht mit der Leerlauf-Verstellschraube verwechseln. Anders als bei anderen Motoren wird bei Außenbordern meist der Zündzeitpunkt zurückgenommen, um die Leerlaufdrehzahl weiter abzusenken, wenn die kleinste Öffnung des Vergasers einmal erreicht ist.

Anlassen

Außenborder für Freizeitboote haben Elektrostarter entweder als Standardausrüstung oder, bis hinunter zu den 5-PS-Modellen, als Sonderausstattung. Oberhalb 20 PS nimmt die Zahl der Handstart-Modelle schnell ab, über 40 PS werden sie praktisch nicht mehr angeboten; da gibt es nur noch Elektrostarter. Aber selbst die kann man im Notfall nach althergebrachter Art mit einem um die Schwungscheibe gewickelten Seil starten.
Man muß sich allerdings klar machen, daß ein Elektrostarter keine Notwendigkeit ist, sondern eher der Bequemlichkeit dient. Für kommerzielle Anwendungen werden selbst 1800-cm^3-V4-Maschinen mit Handstart verkauft. Der größte Motor, den ich selbst mit dem Seil an der Schwungscheibe gestartet habe, war ein 150-PS-Sechszylinder, und das ging auch nicht schwerer als bei manchem kleinen Zweizylinder.
Beim Handstarter gibt es zwei unterschiedliche Bauweisen, den Schwungrad- und den Zahnradstarter. Beim Schwungrad-Typ sitzt auf dem Schwungrad eine Seilscheibe mit großem Durchmesser. Das gibt einen guten Durchzug und funktioniert fast immer problemlos. Beim Ritzeltyp ist die Seilrolle kleiner und seitlich am Motor angebracht; dieser Typ dreht den Motor langsamer durch und ist im Gebrauch anfälliger. Wenn der Handstarter blockiert zu sein scheint, liegt das meist daran, daß die Schaltung nicht im Leerlauf steht. Außenborder über 5 PS haben normalerweise eine Sicherheitssperre, die verhindert, daß der Motor bei eingelegtem Gang anspringt; bei Handstartern verriegelt eine mechanische Sperre die Seilscheibe, beim Elektrostarter unterbricht ein Relais die Zündung.
Ein Wort der Vorsicht: Wenn Sie versuchen, einen Handstarter vom Rit-

zeltyp abzumontieren, lassen Sie die Finger von der Mutter in der Mitte der Seilscheibe. Sonst lösen Sie die Rückholfeder, und der Motor muß wahrscheinlich in die Werkstatt.

Die Motorhalterung

Mit der Halterung wird der Motor am Boot befestigt und mit Klemmschrauben oder Muttern gesichert. Es gibt ganz kleine Außenborder mit 2 PS, die nur eine Klemmschraube haben; normal sind zwei Schrauben, und das ist für Motoren, die man noch als tragbar bezeichnen kann, also je nach Marke bis etwa 25 bis 40 PS, auch ausreichend.
Ein praktisches Detail bei vielen Klemmschrauben ist, daß man den Schraubgriff mit einem Sicherheitsschloß sichern kann, um Langfinger abzuschrecken. Bei Motoren über 5 PS sind Bohrungen für Schraubbolzen zur festen Montage am Spiegel vorhanden. Diese Montageart ist immer zu empfehlen; bei Motoren über 20 PS ist sie die einzig richtige. Tatsächlich fehlen bei größeren Motoren die Klemmschrauben ganz, so daß nur eine feste Montage möglich ist.
Eine Schwierigkeit, die gelegentlich auftritt, wenn man einen Außenborder am Spiegel anklemmen will, ist, daß dieser zu dick oder zu dünn ist. Ersteres ist häufig der Fall, wenn ein kleiner Motor als Hilfs- oder Reserveantrieb an einem Boot dienen soll, das für große, starke Außenborder gebaut ist. Material vom Spiegel wegzunehmen wäre eine arg drastische Abhilfe, besser ist hier ein separater Motorträger für den kleinen Motor. Ist der Spiegel zu dünn, kann es sein, daß er auch zu schwach für die Aufnahme des Motors ist. Wenn das nicht der Fall ist, zum Beispiel, weil er mit Stahlblech verstärkt ist, kann man den Spiegel mit einer Holzplatte dicker machen. Dann sollte man aber besonders darauf achten, den Außenborder mit Bolzen oder sonstigen Maßnahmen fest mit dem Boot zu verbinden, denn die Holzplatte kann verrutschen, und dann geht der Motor über Bord.
Die Klemmhalterungen kleinerer Außenborder haben normalerweise ein Auge oder einen Ring, wo man zur Sicherung eine Sorgleine oder Kette

Die Motorhalterung

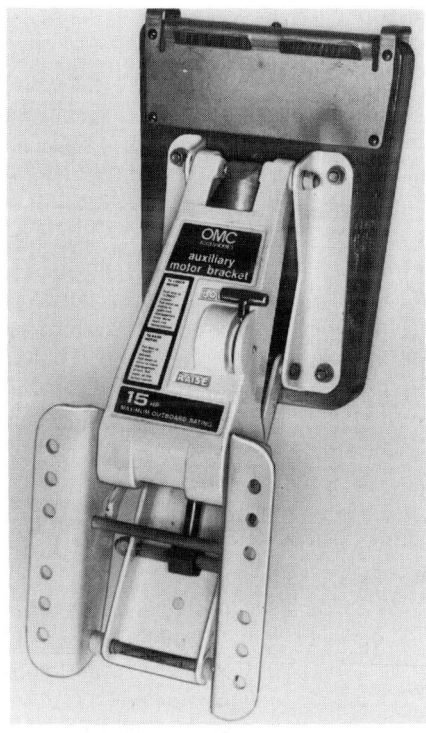

Eine Bockhalterung, etwa für die Spiegelmontage an Segelyachten.

befestigen kann, deren anderes Ende mit dem Boot fest verbunden ist. Das kann verhindern, daß Ihr Motor verlorengeht. Das Gefühl, wenn Ihr Außenborder in den Fluten versinkt, ist das gleiche, wie wenn Ihre Brieftasche voller Geld ins Wasser fällt. Glauben Sie mir, Sie sollten diese Sicherheitseinrichtung benutzen.

Es gibt zwei Methoden, den Motor so mit der Halterung zu verbinden, daß er schwenkbar und das Boot damit zu steuern ist. Die kleinsten Außenborder haben kein Wendegetriebe; statt dessen können sie in jede Richtung gedreht werden. So kann man Rückwärtsschub erhalten,

1 Was ist ein Außenborder?

indem man den gesamten Motor um 180 Grad schwenkt, bis er in die Gegenrichtung zeigt.
Diese 360-Grad-Konstruktion bringt allerdings Nachteile mit sich, und Modelle mit Wendegetriebe verwenden daher ein anderes System. Es wird als „Sattellagerung" bezeichnet, ist weit stärker, hält den Motor sicherer und ermöglicht zusätzliche Funktionen wie Power-Trim, Fernsteuerung oder auch Servolenkung. Auch Vibrationen werden weniger stark auf das Boot übertragen.
Einer der Vorteile des Außenborders gegenüber dem Einbaumotor ist, wie schon gesagt, die Tatsache, daß die ganze Antriebseinheit sofort hochschwenkt, wenn ein Gegenstand unter Wasser getroffen wird oder das Boot aufläuft. Bei normaler (Vorwärts-)fahrt kann das Unterwasserteil sowohl bei der 360-Grad- als auch bei der Sattel-Aufhängung frei nach oben schwenken, im Rückwärtsgang dagegen muß eine Verriegelung verhindern, daß der Motor hochschwenkt und der Propeller in der Luft läuft. Bei vielen kleinen und allen größeren Modellen funktioniert diese Verriegelung automatisch, was den Betrieb sehr erleichtert.
Eine gewisse Standardisierung in der Bootsindustrie hat dazu geführt, daß die Hersteller bei der Neigung des Spiegels meist den gleichen Winkel verwenden, doch natürlich gibt es einige Modelle, bei denen die Spiegelneigung erheblich von der Norm abweicht. Um die Anpassung an die unterschiedlichen Winkel zu ermöglichen, kann die Lage des Motors durch Änderung der Position des Trimmbolzens variiert werden.
Eine andere Einrichtung bei den meisten Außenbordern ist die Flachwasserstellung, bei der der Motor in angewinkelter Position arretiert wird, so daß der Propeller und das ganze Unterwasserteil knapp unter der Wasseroberfläche liegt. Wie der Name sagt, benutzt man diese Stellung zum Fahren in flachem Wasser; man sollte dabei nur wenig Gas geben.
Im hochgeschwenkten Zustand wird der Motor mit einer meistens vorhandenen Sicherung arretiert. Diese Sicherung darf unter keinen Umständen dazu benutzt werden, den Motor beim Trailern oben zu halten, denn wenn sie bricht oder sich von selbst öffnet, können Unterwasserteil und Schraube zerstört werden.
Die meisten tragbaren Außenborder haben einen Tragegriff, meist in die

Die Motorhalterung

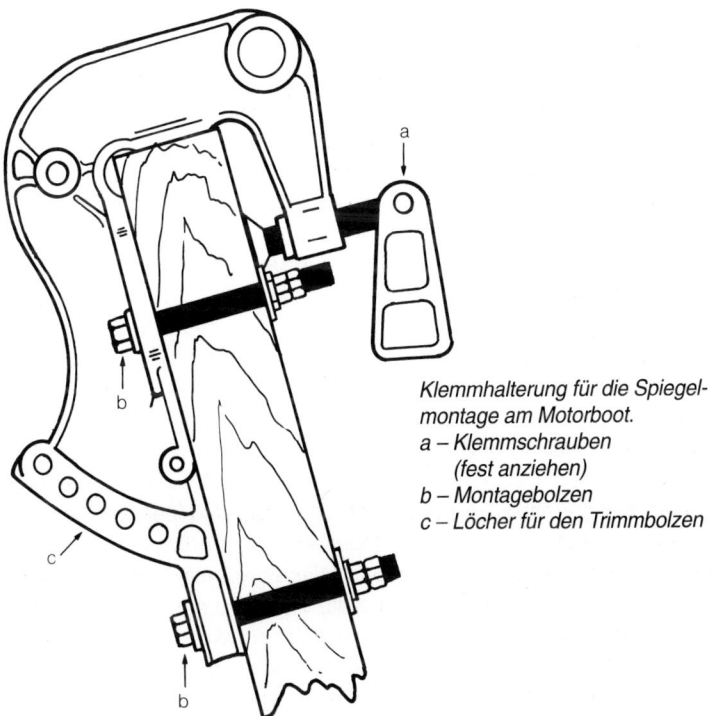

Klemmhalterung für die Spiegelmontage am Motorboot.
a – Klemmschrauben (fest anziehen)
b – Montagebolzen
c – Löcher für den Trimmbolzen

Befestigung integriert. Den sollte man sich genau anschauen. Ist er überhaupt geeignet, den Motor zu tragen? Ich habe fast alle Außenborder getestet, und nach meiner Erfahrung lassen in dieser Beziehung viele Modelle einiges zu wünschen übrig. Ist der Griff groß genug, um ihn zu umfassen, ohne sich die Haut von den Knöcheln zu schrammen? Es ist eine Sache, einen Außenborder im Ausstellungsraum hochzuheben, wenn die Hände warm und der Griff sauber und trocken ist, aber etwas ganz anderes, wenn Ihre kalten, nassen Hände nach einem öligen Stück Stahl greifen, während Sie auf dem glitschigen Steg balancieren!

Alle Außenborder mit Ausnahme der kleinsten 2-PS-Typen gibt es mit

Kurz- und Langschaft. Das Problem ist allerdings, daß der Tragegriff wahrscheinlich bei beiden Typen an derselben Stelle sitzt. Je nach Geschick des Herstellers bedeutet ein solcher Kompromiß dann normalerweise, daß dann, wenn der Griff bei der Kurzschaftversion richtig sitzt, beim Langschäfter der Propeller über den Boden schleift. Noch schlimmer ist es, wenn der Griff für die Langschaftausführung konstruiert ist: Dann wird die Kurzschaftversion kopflastig, der Prop liegt höher als der Motor und das in Pumpe, Kühlung und Auspuff verbliebene Wasser gehorcht der Schwerkraft und fließt in die Zylinder. Der Motor muß immer höher liegen als der Propeller!

Das Unterwasserteil

In erster Linie soll das Unterwasserteil die Drehung der senkrechten Kurbelwelle auf die horizontale Propellerwelle übertragen. Dasselbe Gehäuse beherbergt allerdings Bauteile, die eine Anzahl weiterer Funktionen erfüllen: Den Wassereinlaß und die Wasserpumpe, die Kupplung, die Untersetzung und, wo vorhanden, das Schaltgetriebe, den Propeller und dessen Welle, eine Trimmflosse und eine Opferanode (manchmal in einem Teil kombiniert) und den Unterwasserauspuff.
Ältere Unterwasserteile hatten ein horizontal geteiltes, aus zwei Teilen zusammengeschraubtes Gehäuse. Heutige Außenborder haben üblicherweise ein einteiliges Gehäuse, das weniger leicht leckt, steifer ist und deshalb leichter gebaut sein kann. Die Bearbeitung der komplizierten Form einteiliger Gehäuse war früher langwierig, teuer und mit diversen unterschiedlichen Arbeitsschritten verbunden. Seit Einführung moderner computergesteuerter Bearbeitungsmaschinen kann das gesamte Teil in einem Arbeitsgang gefertigt werden, und einteilige Gehäuse sind mit ganz wenigen Ausnahmen die Regel.
Das Reduziergetriebe hat ein festes Übersetzungsverhältnis, das vom Hersteller festgelegt wird und nicht geändert werden kann. Es enthält

Das Unterwasserteil

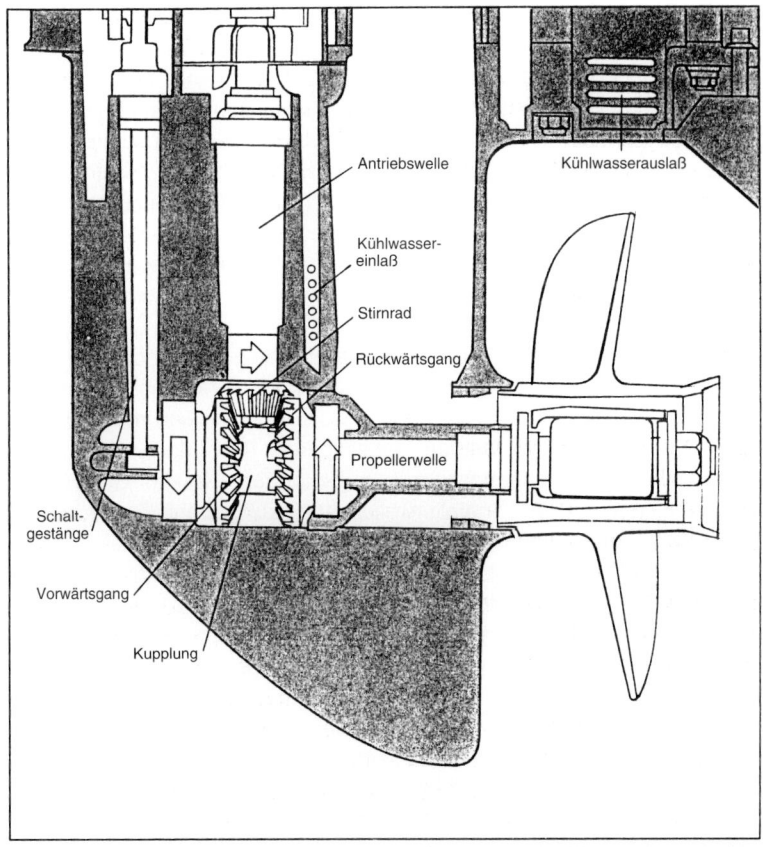

Das Getriebe. Im Leerlauf rotieren die Antriebswelle, das Stirnrad an ihrem Ende und die beiden Kegelräder in Pfeilrichtung. Der Propeller beginnt erst zu drehen, wenn die Kupplung an einem der Zahnräder einrastet, am linken bei Fahrt voraus, am rechten bei Rückwärtsfahrt.

1 Was ist ein Außenborder?

normalerweise einen Vorwärtsgang, einen Rückwärtsgang und eine Klauenkupplung; nur einige kleine Motoren und spezielle Rennmodelle haben keine Kupplung und/oder keinen Rückwärtsgang. Wichtig ist die Tatsache, daß eine Klauenkupplung nicht so funktioniert wie eine Autokupplung, die man schleifen lassen kann. Eine Klauenkupplung ist entweder aus- oder eingekuppelt; entweder ist der Propeller mit der Welle verbunden oder nicht. Es gibt keine Zwischenstellung, und jeder Versuch, sie „kommen zu lassen", also langsam und sanft zu kuppeln, führt nur zu schnellem Verschleiß und vorzeitigem Ausfall der Kupplung. Die Kupplung muß deshalb schnell und vollständig mit einer einzigen zügigen Bewegung betätigt werden.

Bei Doppelmotor-Installationen wird das Handling des Bootes dadurch verbessert, daß Motoren mit gegenläufiger Propellerdrehrichtung eingesetzt werden. Die meisten größeren Modelle (135 PS und mehr) gibt es auch als „gegenläufige" Version. Bei einigen ist dabei der Motor so konstruiert, daß er in Gegenrichtung läuft; bei anderen ist das Getriebe so verändert, daß nur die Propellerwelle gegenläufig dreht. In jedem Fall muß aber das Unterwasserteil speziell hierfür ausgelegt sein. Einige „Spezialisten" haben schon versucht, bei einer Duppelmotoranlage den einen Motor mit einem linksgängigen Prop dauernd im Rückwärtsgang zu fahren. Unglücklicherweise sind Außenborder-Getriebe dafür konstruiert, nur kurzzeitig und bei geringen Drehzahlen zum Manövrieren etc. im Rückwärtsgang zu laufen. Macht man das länger und bei Vollast, ist es eine Sache von Stunden, bis sie defekt sind.

Die Auspuffgase verlassen den Außenborder entweder unterhalb der Kavitationsplatte (ein im Deutschen ausschließlich benutzter, aber falscher Ausdruck, denn sie verhindert nicht Kavitation, also Dampfblasenbildung, sondern Ventilation, das Ansaugen von Luft von der Wasseroberfläche, Anm. d. Ü.) oder durch die Propellernabe. Die erste Lösung hat den Vorteil, daß Unterwasserteil und Propeller weniger kompliziert und deshalb billiger zu bauen sind, allerdings kann der Motor dadurch lauter werden. Wenn der Außenborder nicht tief genug eintaucht, kann sich eine Lufttasche bilden, die Auspuffgase und Geräusch an die Wasseroberfläche führt, und das stört alle Wassersportler.

Das Unterwasserteil

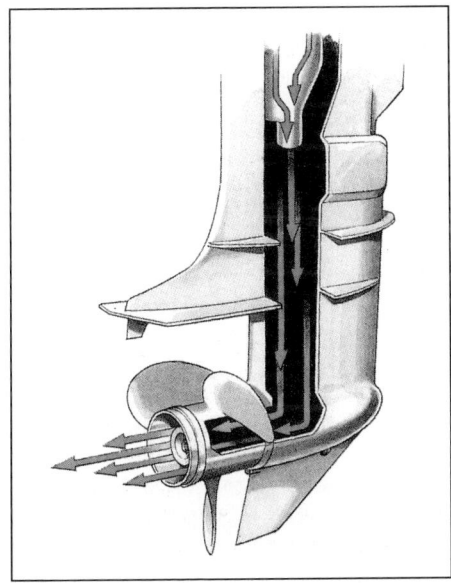

Der Nabenauspuff, heute bei den meisten Außenbordern üblich.

Der Nabenauspuff hält die Auspuffgase wirkungsvoll unter Wasser, ist aber in der Herstellung teurer. Folgerichtig wird er eher bei größeren Motoren von 5 PS aufwärts eingesetzt.
Spezielle Segel-Versionen für Segelyachten und schwere Verdränger haben ein ungewöhnliches Unterwasserteil, das größere Zahnräder für eine stärkere Untersetzung beherbergen und einen größeren Prop drehen kann. Manche Konstruktionen haben eine doppelte Kavitationsplatte, um zu verhindern, daß im Rückwärtsgang Abgase in den Propeller gesaugt werden. Wenn das passiert, verlieren die Propellerflügel nämlich ihren „Griff" im Wasser, und der Schub nimmt ab.
Zahnräder mit gerader Verzahnung sind einfacher herzustellen und bei kleinen Außenbordern die Regel. Mit zunehmender Kraft neigt diese Bauweise zum „Singen", deshalb geht man bei größeren Modellen zur Schrägverzahnung über. Die Zahnräder selbst werden im Getriebe-

1 Was ist ein Außenborder?

Gerade (rechts) und schräg (links) verzahnte Zahnräder.

gehäuse mit Distanzscheiben in der richtigen Stellung zueinander gehalten. Kein Gehäuse fällt exakt gleich aus, deshalb wird die Anzahl der jeweils benötigten Scheiben für jedes Getriebe einzeln mit sehr genauen Meßinstrumenten festgestellt. Wenn die Scheiben falsch sind oder bei Reparaturen des Getriebes verlorengehen, treten rapider Verschleiß und vorzeitige Defekte auf

Schaftlängen

Vor einigen Jahren haben die Hersteller von Außenbordern die Schaftlängen standardisiert, um den Bootsherstellern einheitliche Spiegelhöhen vorgeben zu können. Die meistverwendeten Längen enthält die Tabelle. Die kleinsten Außenborder werden fast nur mit Kurzschaft angeboten, entsprechend der Größe der Boote, für die sie bestimmt sind. Kurzschäfter werden üblicherweise auf kleinen Motordingis oder Schlauchbooten verwendet; schon bei offenen Sportbooten ist der Langschaftmotor üblich. In den 80er Jahren überschritten Außenborder die 200-PS-Grenze und wurden für größere Boote verwendbar; gleichzeitig wurde der extralange Schaft populär und fand auf seetüchtigen Booten, speziell aus den USA, weite Verbreitung.

Schaftlängen

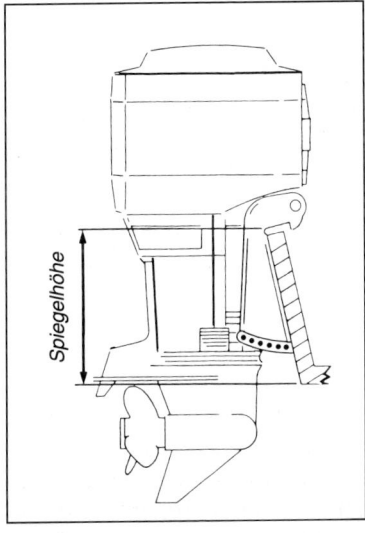

Spiegelhöhe. Es gibt (internationale) ICOMIA-Normen, auch für die Spiegelneigung zwischen 12° und 18°, nur halten sich nicht alle Bootsbauer daran.

Tabelle der Spiegelhöhen und Schaftlängen

Übliche Bezeichnung	Abkürzung	Spiegelhöhe mm
kurz	S	380
lang	L	508
superlang	UL/EL/XL	635
super-ultralang	SUL	700
extra-extralang	XXL	762

Europäische Bootsbauer haben den extralangen Schaft eher zögernd übernommen, hauptsächlich deshalb, weil seegehende Boote mit solch hohen Antriebsleistungen hier meist mit Innenbordern oder Z-Antrieben ausgerüstet werden. Die Tendenz geht dahin, daß Außenborder mit 240 PS und mehr ausschließlich mit extralangem oder extra-extralangem Schaft angeboten werden. Dadurch werden die Werften gezwungen, mit großen Spiegelhöhen (und damit viel Freibord) zu bauen; unter Sicherheitsaspekten ein willkommener Trend.

1 Was ist ein Außenborder?

Die Mehrzahl der Segel-Modellvarianten haben ebenfalls Langschaft, wegen der Spiegelhöhen von Segelyachten. Auch kann bei einem Boot mit langer Wasserlinie der Propeller aus dem Wasser kommen, wenn das Boot im Seegang stampft. Segelyachten sind trimmempfindlich in der Längsrichtung. Sogar in ruhigem Wasser, wenn zu viel Gewicht nach vorne verlagert wird, weil ein paar Mann auf dem Vordeck arbeiten, würde der Prop aus dem Wasser kommen. Aus diesen Gründen haben die Segel-Modelle Langschaft.

Man sollte sehr sorgfältig darauf achten, daß die Länge des Schafts für den Bootstyp die richtige ist. Während auf einem langsamen Verdränger ein Langschaft vorteilhaft ist, hat er bei einem schnellen Gleiter Nachteile. Bei höheren Geschwindigkeiten wird der Schaft tief ins Wasser hinter dem Boot reichen und die Antriebsenergie, die nötig ist, den Schaft durch das Wasser zu treiben, bremst das Boot stark ab – das kann so weit gehen, daß das Boot überhaupt nicht mehr ins Gleiten kommt. Prüfen Sie vor dem Kauf eines Außenborders immer, ob die Schaftlänge für das Boot paßt. Ein Umbau des Schafts macht in der Praxis wenig Sinn; die einzige Lösung ist der Austausch des ganzen Motors gegen einen mit der richtigen Schaftlänge.

Bei manchen Typen von Staudruck-Geschwindigkeitsmessern muß ein Geber am Spiegel montiert werden. Die meisten der heutigen Außenborder oberhalb der tragbaren Modelle haben einen in das Unterwasserteil integrierten Staudruckgeber, der die Installation vereinfacht. Wenn Sie also ohnehin einen Geschwindigkeitsmesser einbauen wollen, lohnt es sich, auf dieses Extra zu achten.

Abhängig von der Drehrichtung des Propellers hat der Motor die Tendenz, das Boot bei hohen Geschwindigkeit nach einer bestimmten Seite zu drehen – bei normalen, rechtsgängigen Propellern nach Backbord. Um dies auszugleichen und die Lenkung zu entlasten, ist unter der Kavitationsplatte hinter dem Propeller eine Trimmflosse montiert. Sie bleibt unlackiert, da sie gleichzeitig als Opferanode dient. Die korrekte Einstellung wird in Kapitel 4 erläutert.

Das Kühlwasser wird von der Pumpe durch Einlaßöffnungen im Unterwasserteil angesaugt, die je nach Modell mit unterschiedlichen Siebfiltern ausgerüstet sind. Diese sollen verhindern, daß Seegras oder andere Fremdkörper in das Kühlsystem gelangen. Man sollte gelegentlich prüfen, ob die Ansaugöffnungen frei sind. Wie gut die Öldichtungen des Unterwasserteils auch sein mögen, etwas Wasser schafft es immer, einzudringen. Im Betrieb bildet es mit dem Öl eine Emulsion und verursacht weiter keine Probleme, solange das Öl nach Herstellervorschrift gewechselt wird. Wenn das Getriebeöl zu Anfang der neuen Saison aufgefüllt wird anstatt am Saisonende, und der Außenborder Temperaturen unter Null ausgesetzt wird, kann jegliches im Unterwasserteil verbliebene Wasser gefrieren und sich dabei so ausdehnen, daß das Gehäuse platzt oder anderweitig irreparabel beschädigt wird. Der Wechsel des Öls im Unterwasserteil wird in Kapitel 5 ausführlich beschrieben.

2 Die Wahl des richtigen Motors

Allgemeine Gesichtspunkte

Der Kauf eines Außenborders verlangt eine Menge Überlegung, sowohl über die eigenen Bedürfnisse als auch über das Angebot der Motorenbauer. Obwohl die Spezifikationen von Hersteller zu Hersteller unterschiedlich sind, gibt es bestimmte Merkmale, die bei allen Modellen einer bestimmten Größe gleich sind. Es ist lohnend, diese Gemeinsamkeiten einmal zu erörtern, bevor wir uns mit den individuellen Besonderheiten beschäftigen.
Die kleinsten Außenbordor aller Hersteller, etwa 2 PS stark, haben eingebaute Benzintanks und weder Schaltung noch Kupplung. Die etwas größeren 3-PS-Typen bieten eine Kupplung, aber bei den meisten Marken muß man auf 4 PS gehen, um ein richtiges Getriebe mit Vorwärts-Leerlauf-Rückwärts und die Option eines separaten Tanks zu bekommen. Lichtspulen, die Positionslampen betreiben und eine Batterie laden können, sind ein wertvolles Plus und werden bei den meisten Modellen von 6 PS an angeboten.
Außenborder bis zu 5 PS kann man als tragbar bezeichnen, obwohl für die meisten Frauen und Kinder schon 3 PS zu schwer sind. Je nach Marke bei 20 bis 25 PS liegt die Grenze, bis zu der man noch von einem „transportablen" Motor sprechen kann, nicht nur wegen Gewicht und Größe, sondern weil größere Motoren normalerweise mit Elektrostart und Fernschaltung ausgestattet und deshalb fest montiert sind. Bei den kleineren dagegen genügt es, sie an den Spiegel zu klemmen und die Benzinleitung anzuschließen.

Einige Hersteller bieten Handstart-Modelle von 40 PS mit Pinnensteuerung* für halbprofessionelle Anwendungen an, aber ein Motor dieser Größe erreicht bereits die Grenze, bei der zwei Personen ihn noch tragen können.
Radsteuerung gibt es schon ab 5 PS, Elektrostarter ab 6, üblich ist beides erst ab 20 PS. Je nach Hersteller von 25–30 PS aufwärts gehört beides zur notwendigen Ausstattung. Ab dieser Größe gibt es meist auch die automatische Ölbeimischung serienmäßig; einige Firmen bieten sie als Standard oder auf Sonderwunsch bis hinunter zu 2,5 PS.
Der Powertrimm, denn man als Leistungsoptimierung bezeichnen könnte, wird von den meisten Herstellern ab 40 PS angeboten und gehört bei mehr als 100 PS normalerweise zur Serienausstattung.
Größere Boote mit Doppelmotoren profitieren von Linksläufern, die ab 120 PS zu haben sind. Einige Modelle über 200 PS haben Servolenkung. Genaue Angaben stehen in Tabellenform in Anhang D.

Welches Boot?

Beim Kauf eines Außenborders hängt die Wahl des richtigen Motors entscheidend vom Typ Ihres Bootes ab. Hier soll und kann darauf nicht detailliert eingegangen werden, doch einige kurze Anmerkungen dürften für diejenigen hilfreich sein, die noch nie ein Boot besessen haben.
Die Antworten auf die Fragen: Wie? Wer? Wo? Und Wann? sollten die Entscheidung erleichtern. Wie wird das Boot genutzt? Soll es getrailert werden oder bleibt es in einer Marina? Oder soll es aufs Autodach passen oder an Bord einer größeren Yacht als Beiboot? Oft beschränken Größe und Leistung des Schleppfahrzeugs Gewicht und Größe des Bootes. Wollen Sie der Schnellste auf der Bucht sein oder nur den Fluß hoch- und runtertuckern? Wollen Sie Wasserski fahren oder auf See angeln?

---

* Nach deutschen Sicherheitsnormen dürfen Motoren über 25 PS nicht mehr von der Pinne gefahren werden.

Wer soll das Boot benutzen? Ein Paar? Erwachsene? Kinder? Wie alt sind die? Wie viele Personen sollen auf einmal an Bord sein? Wo wird das Boot benutzt? In einer nahegelegenen Marina oder Hunderte von Kilometern entfernt, auf geschützen Binnengewässern oder auf offener See? Immer wieder woanders oder nur an einer Stelle? Wo wohnen Sie? Haben Sie einen sicheren Platz, das Boot zu überwintern, im Garten zum Beispiel oder in der Garage?
Wann soll das Boot genutzt werden? Wie oft, und zu welcher Jahreszeit? Von April bis Oktober oder nur in den Sommermonaten? Jede Woche während der Saison oder nur ein paar Wochen in den Ferien?
Die Antworten auf diese Fragen dürften die Wahl einengen. Wenn das Boot zum Beispiel nur in den Ferien am fernen Urlaubsziel benutzt werden soll, käme ein kleines Schlauchboot in Frage: keine Liegegebühren, kein Trailer, den man in den Urlaub mitschleppen muß, keine Extragebühren auf Fähren und Autobahnen und keine Sorgen, wo man den Trailer den Rest des Jahres läßt.
Wenn Sie noch kein Boot ausgewählt haben, notieren Sie Ihre Antworten auf die genannten Fragen und nehmen Sie sie mit zu Ihrem Händler. Wenn Sie ihre Hausaufgaben gemacht haben, wird die Wahl des richtigen Bootes nicht mehr schwer sein.

Schlauchboot-Dingis

Da man diese kleinen Schlauchboote, die meist lediglich einen Holzspiegel haben und ansonsten wirklich aus Schläuchen und einem flachen Boden aus luft- und wasserdichtem Gewebe bestehen, kaum vernünftig rudern kann, ist ein Außenborder eher eine Notwendigkeit als ein Luxus. Unbedingt beachten: Wenn es keinen Spiegel gibt, muß unbedingt eine Halterung für den Außenborder vorhanden sein. Überprüfen Sie die Herstellerangaben, welche maximale Motorisierung empfohlen wird. Alle kleinen Boote benötigen Außenborder mit Kurzschaft. Wenn Sie keine Ausflüge von mehr als einer Stunde machen wollen, reicht ein Einbautank; er spart außerdem Platz im Boot. Trotzdem empfiehlt es sich

Leichtes Schlauchboot für führerscheinfreie Außenborder (bis 5 PS). Vielfach werden sie auch als Yachtbeiboote eingesetzt. Da Schlauchboote sich schlecht rudern lassen, ist ein Außenborder unerläßlich.

immer, einen Reservekanister zum Nachfüllen an Bord zu nehmen. Wenn Sie oft längsseits gehen, wie das bei einem Tender der Fall ist, macht eine Kupplung Sinn, damit Sie den Motor nicht dauernd stoppen und wieder anwerfen müssen. Suchen Sie nach einem Außenborder, der leicht ist und einen gut plazierten Tragegriff hat.

Dingis

Moderne GFK-Dingis haben oft niedrige Spiegel, die traditionellen Modelle aus GFK oder Holz haben höhere, was mehr Freibord ermöglicht und bei höheren Wellen angenehm ist. Sie sind schwerer als entsprechende Schlauchboote und brauchen mehr Motorleistung. Wegen des

2 Die Wahl des richtigen Motors

Das offene Dingi. Wegen des höheren Gewichts gegenüber einem gleichgroßen Schlauchboot verlangt es auch eine etwas höhere Motorisierung, die sich aber auch noch in der führerscheinfreien PS-Klasse bewegt.

höheren Verbrauchs empfiehlt sich ein separater Tank. Den kann man unter einem Sitz verstauen, damit er keinen Platz wegnimmt, und wenn das Boot relativ leicht ist, kann man ihn im Bug unterbringen, was den Trimm verbessert, wenn der Fahrer den Motor von achtern bedient.

Sportschlauchboote

Daß man im Urlaub Spaß an einem Boot haben, dann die Luft herauslassen, es aufs Autodach packen und später auf dem Dachboden oder in der Garage bis zum nächsten Jahr verstauen kann, hat einer ganzen Gruppe von Menschen ermöglicht, Wassersport zu betreiben, für die das sonst nicht möglich gewesen wäre. Aber dort, wo das anspruchsvolle Sportschlauchboot beginnt, mit dem Fahrleistungen wie mit einem Festboot möglich sind, hört der Transport auf dem Autodach oder im Kofferraum auf. Weil das Boot fürs Dach zu schwer und Packsäcke für den

Kofferraum zu unförmig werden. Auch der Aufbau wird, zumindest bei den größeren Typen, schon etwas mühsam, so daß man es gerne bei einmal zu Saisonbeginn beläßt. Für den Überlandtransport wird also auch ein Trailer fällig, für den wiederum ein Stellplatz gesucht werden muß. Einen Vorteil hat allerdings das Schlauchboot gegenüber einem vergleichbaren Festboot: Es ist leichter. Wenn es aber wirklich „tragbar" sein soll, werden Sie bei der Motorleistung wegen des Gewichts der Maschine Einschränkungen hinnehmen und für den privaten Einsatz 25 PS, für die Verwendung durch eine Gruppe kräftiger Leute (Tauchclub o. ä.) maximal 40 PS als Obergrenze setzen müssen. Zum Wasserskifahren taugen auch 40 PS nur mit Einschränkungen, doch für Leichtgewichte reichen möglicherweise bereits 25 PS, für Kinder manchmal sogar nur 8 PS. Mariner, Mercury und Yamaha bieten spezielle Zubehör-

Das vollwertige Sportschlauchboot, mit Gummi- oder festem Boden (RIB). Die DIN 7870 schreibt dem Bootsbauer verbindlich vor, wie hoch er – aus Sicherheitsgründen – die jeweilige Bootsgröße motorisieren darf. Einem erfahrenen Schlauchbootlenker steht es natürlich frei, sein Boot auch mit stärkeren Motoren zu bestücken.

2 Die Wahl des richtigen Motors

teile zum Einsatz ihrer 40er Modelle an Schlauchbooten an: einen besonderen Tragegriff und eine zum Anklemmen an den Spiegel eines Schlauchboots geeignete Motorhalterung.
RIBs (Rigid Hull Inflatables) haben einen festen Rumpf aus GFK oder Aluminium und aufblasbare Schläuche. Sie besitzen hervorragende Fahreigenschaften und werden deshalb gern als Rettungs- und Wasserwachtboote eingesetzt. Die glatten Innenseiten des festen Rumpfes sind einfacher sauberzuhalten als ein normales Schlauchboot, bei dem Sand und anderes schnell zwischen Einlegeboden und Rumpf verschwindet. Der Gewichtsvorteil des Schlauchboots und seine kompakte Größe im luftleeren Zustand sind beim RIB kein so bedeutender Faktor. Jedes RIB, das größer ist als ein Dingi, kann nur auf einem Trailer transportiert werden, womit ein Hauptvorteil des kleineren Schlauchbootes entfällt – nämlich der, keinen Trailer zu brauchen.
Bei RIBs wie bei Sportschlauchbooten müssen Sie auf die Spiegelhöhe achten: Manche brauchen Kurzschaft-Motoren, manche Langschäfter. Wenn Sie Fernschaltung und Radsteuerung benutzen wollen, schauen Sie sich an, wo Schaltbox und Lenkrad montiert werden können, denn einige Konstruktionen sind nicht gerade bedienerfreundlich. Ein Außenborder mit Elektrostart kann, bei aller Bequemlichkeit, auf einem Schlauchboot von Nachteil sein. Die Batterie braucht Platz, ist schwer und muß sicher befestigt sein, damit sie sich nicht losreißt und Säure über das Gewebe fließt. Außerdem gibt es zusätzliche Leitungen und einen Zündschlüssel, der gern im Sand verlorengeht.
Auch der Benzintank muß sicher befestigt werden. Am besten kauft man ohnehin gleich einen flexiblen Tank. Der haut Ihnen beim Tragen nicht ans Bein, rostet nicht und zerkratzt weder den Boden noch die Schläuche des Boots, und er paßt in den Bug oder hinter ein Schott. Zum Saisonende rollen Sie ihn einfach zusammen und verstauen ihn in einem Schrank oder einer Schublade.
Motoren von 50 bis 85 PS an einem Schlauchboot sorgen für eine sehr potente Kombination – sie verlangt einen sicheren Fahrer –, was diese Art Boot eigentlich schon in die nächsthöhere Bootsklasse befördert: die der Runabouts und Wasserskiboote.

Runabouts und Wasserskiboote

Um bei diesen offenen Sportbooten vernünftige Geschwindigkeiten zu erreichen und Wasserski zu ermöglichen, sollte der Außenborder mindestens 40 PS haben. Die meisten Extras großer Motoren gibt es bereits in dieser Klasse; Sie können sich also eine Motor/Boot-Kombination zusammenstellen, deren Ausstattung allein von der Größe ihres Budgets abhängt. Mit vollständiger Instrumentierung, automatischer Frischölbeimischung und Elektrostart haben Sie ein in jeder Hinsicht komplettes Boot. Powertrimm ist, falls lieferbar, ein weiteres Extra, das sein Geld wert ist.

Das voll gleitfähige Sportboot, im englischen Sprachraum häufig auch als Runabout bezeichnet. Mit Abmessungen zwischen ungefähr 4,00 m und 6,50 m hat es den größten Anteil am Außenbordermarkt. Die Motorisierung liegt entsprechend zwischen etwa 30 und 115 PS.

2 Die Wahl des richtigen Motors

Wasserski ist sogar mit einem relativ kleinen Schlauchboot möglich. Man rechnet mit 25 PS als untere Motorisierung, für den anspruchsvolleren Monoski mit ungefähr 40 PS.

Fast alle heute gebauten Runabouts verwenden Langschaft-Motoren, aber man sollte das vorher prüfen. Die Außenborder werden komplett mit Fernschaltbox angeboten. Bei einigen Modellen gehört ein Drehzahlmesser zum Lieferumfang.

Boote für kompromißlosen Wasserski-Einsatz brauchen mindestens 80 PS, für Slalom, Barfuß- und Trickskilauf viel mehr. Für Wettbewerbe sollten es 200 PS sein. Doch kommen dafür fast ausschließlich Boote mit Innenbordern in Frage.

Kabinenkreuzer

Hier meine ich Boote mit schnellen Gleitrümpfen, im Gegensatz zu den langsamen Verdrängern, mit denen wir uns gleich beschäftigen werden. Ein etwa 20' (6 m) langes Boot braucht ungefähr 115 PS. Das ist genug, einen kleinen Kreuzer bequem ins Gleiten zu bringen, und reicht auch für stärkere Beladung, ein bißchen Wasserski oder um den zusätzlichen Widerstand eines durch Algen oder Muscheln verdreckten Rumpfes auszugleichen. Powertrimm ist empfehlenswert, ebenso eine Frischölautomatik. Sind viele elektrische Verbraucher installiert, vergleichen Sie bei der Auswahl des Motors die Leistungen der Lichtmaschine. Normal für diese Motorgröße sind etwa 80 W; manche Marken bieten auf Wunsch bis zu 180 W an.

Der Daycruiser, der unter dem Vordeck eine Schlupfkajüte mit meistens zwei Schlafplätzen hat. Abmessungen zwischen ungefähr 4,80 m und 6,90 m, mit Außenbordern von 90 bis 150 PS. Im allgemeinen mit Einbautanks ausgerüstet, um längere Fahrten unternehmen zu können.

2 Die Wahl des richtigen Motors

Außenborder sind schon längst nicht mehr wasserscheu. Deshalb eignen sie sich vorzüglich für die Seefahrt. Sie sind ebenso zuverlässig, außerdem leichter und somit ökonomischer als vergleichbare Innenborder. Dennoch sieht man sie bei uns – wegen eines unausrottbaren Vorurteils – kaum auf der See. Anders als in den USA. Dort werden ausgedehnte Seepassagen mit außenborderbestückten Motoryachten absolviert.

Verdrängerboote

Diese Gruppe umfaßt die langsamen Boote für wirtschaftliche Fahrten. Geringe Geschwindigkeit bedeutet, daß viel Kraft unnötig – eigentlich sogar unerwünscht – ist. Alles, was vom Motor verlangt wird ist, das Boot auf die theoretische Rumpfgeschwindigkeit zu bringen, mit ein bißchen Reserve für starken Wind oder Strömung. Die Rumpfgeschwindigkeit eines Verdrängers kann man nach der Formel Geschwindigkeit (km/h) = 4,5 x $\sqrt{\text{Wasserlinienlänge (m)}}$ errechnen.

Verdrängerboote

Viertakter wie die von Honda und Yamaha sind für diesen Bootstyp sehr populär, weil die gegenüber Zweitaktern größeren Abmessungen und das höhere Gewicht kaum Auswirkungen haben. Die Motoren sind hier üblicherweise fest montiert, Tragbarkeit und Gewicht spielen also keine Rolle, die Vorteile des Viertakters – weicherer, leiserer Lauf, das Fehlen von Qualm im Leerlauf und der geringere Spritverbrauch – dagegen schon.

Oft wird behauptet, der Viertaktmotor sei sauberer als der Zweitakter, weil kein Öl durch den Auspuff ins Wasser gelangt. Doch dieses Argument scheint mir eher politisch als wissenschaftlich gerechtfertigt zu sein. Moderne Zweitakter laufen mit einer Benzin-Öl-Mischung von 50:1, bei automatischen Frischölsystemen bis hinunter zu 150:1, und verbrauchen viel weniger als frühere Modelle. Dies und die Tatsache, daß heute biologisch abbaubare Öle eingesetzt werden, reduziert die mögliche Umweltbelastung auf ein Minimum.

Ein schwerer Verdrängerrumpf ist nicht leicht zu bremsen, wenn er erst einmal in Fahrt ist; das mit einem normalen Außenborder zu tun, ist gar nicht so einfach. Im Rückwärtsgang werden nämlich Auspuffgase in den Propeller gesaugt, und der Prop dreht sich in Luft anstatt in Wasser. Der Rückwärtsschub ist daher gering, und das Boot braucht eine ganze Strecke bis zum Stillstand; besonders in engen Binnengewässern ist das ein wichtiger Gesichtspunkt.

Die meisten Hersteller haben dieses Problem mit einem speziellen Propeller oder Unterwasserteil gelöst. Wenn Sie schon einen Außenborder besitzen und seine Rückwärtsleistung verbessern wollen, müssen Sie einen Spezialprop oder einen Umbausatz wie den Finze-Schubverstärker installieren.

Die zum Erreichen der theoretischen Rumpfgeschwindigkeit notwendige Motorgröße empfiehlt die Werft. Es lohnt sich allerdings, ein größeres als das gerade ausreichende Modell zu kaufen, so daß eine vernünfige Marschgeschwindigkeit schon mit Halb- oder Zweidrittelgas erreicht wird. Gute Seemannschaft verlangt Reserven, und es ist gut zu wissen, daß noch ein paar Extra-PS für Notfälle wie starken Gegenwind, Strömungen oder zum Abschleppen eines anderen Bootes vorhanden sind.

Auch ist es viel angenehmer, den ganzen Tag einen großen Außenborder bei mittleren Drehzahlen zu hören als einen kleinen bei Höchsttouren. Außerdem wird der Spritverbrauch beim größeren Motor wahrscheinlich sogar günstiger sein.
Eine beliebte Motorgröße für Verdränger ist 9,9 PS. Markenabhängig sind die meisten 9,9er gedrosselte 15er, deshalb kann sich das Extra-Geld für die vollen 15 PS lohnen, solange damit das Boot nicht übermotorisiert wird. Die 6-PS- und die 8-PS-Modelle sind ebenfalls meist verschiedene Versionen desselben Motors und nebenbei die größten mit „halbem" Tank; oberhalb von 8 PS liefern die meisten Hersteller den normalen 24-Liter-Tank.

Flautenschieber und Hilfsmotoren

Die niedrigen Installationskosten und die einfache Demontage bei Nichtgebrauch sind Eigenschaften, die den Außenborder auf Segelyachten bis etwa 7,5 m als Flautenschieber beliebt machen; darüber verwendet man Innenborder.
Wegen der besonderen Anforderungen bei dieser Anwendung bieten die meisten Hersteller spezielle Segel-Modelle an. Die Spiegelhöhe ist viel größer, damit der Propeller in Wellen, oder wenn die Crew auf dem Vordeck arbeitet, nicht aus dem Wasser kommt. Eine besondere Vorrichtung hält die Abgase beim Rückwärtsfahren vom Propeller fern. Das Starterseil ist so angebracht, daß man es von oben anstatt von vorne betätigen kann. Verlängerungen der Gas- und Schalthebel können montiert werden, um die Bedienung vom Cockpit aus zu ermöglichen.
Als grobe Regel gilt: 9,5 PS pro Tonne Boot. Wegen seiner geringen Schubkraft, bedingt durch die weitgehend standardisierten, für schwere Segelyachten nicht ausgelegten Propeller, erreicht der Außenborder bei Segelbooten mit etwa 1,5 Tonnen Verdrängung und mit einer Leistung von 15 PS seine Grenze.
Abhängig vom Fahrtrevier und der Tageszeit kann ein Außenborder mit Lichtspule für die Navigationslampen nötig sein. Prüfen Sie also beim

Flautenschieber und Hilfsmotoren

Segelyacht mit angehängtem Außenborder als Flautenschieber.

Händler, ob diese Ausstattung serienmäßig oder als Extra lieferbar ist. Einige Yachten haben eine integrierte Außenborder-Halterung, oft in einem Schacht hinter dem Cockpit. Ist das nicht der Fall, so gibt es im Handel verschiedene spezielle Motorhalterungen, einige fest angebaut, andere aufholbar, so daß der Motor beim Segeln ganz aus dem Wasser gehoben werden kann. Die beweglichen Modelle haben meist Federn, die das Gewicht des Motors ausgleichen; um den Motor ins Wasser zu bringen, drückt man einfach, bis ein Riegel einrastet, zum Hochschwenken löst man den Riegel und zieht den Motor hoch. Einige ausgefeiltere Modelle erlauben nicht nur das Anheben des Motors, er kann auch um 90 Grad geschwenkt werden, so daß er bei Nichtgebrauch nicht hinter dem Heck herausragt.

Diese Halterungen werden auch an Motorbooten für Hilfsmotoren verwendet, die nur gebraucht werden, wenn die Hauptmaschine ausfällt. Z-Antriebe können über eine Schubstange so mit dem Hilfsmotor gekoppelt werden, daß die Ruderanlage auch auf den kleinen Motor wirkt.

2 Die Wahl des richtigen Motors

Wenn die Hauptmaschine ein Benzinmotor ist, sollte logischerweise auch der Hilfsmotor ein Viertakter sein. Dann können beide mit dem gleichen Kraftstoff betrieben werden; ein Extravorrat an Gemisch ist nicht nötig.
Als Hilfsmotoren werden meist Modelle von etwa 8 bis 15 PS verwendet, aber hier gibt es je nach Bootsgröße und persönlicher Vorliebe des Eigners große Unterschiede.

Rennboote

Hier ist nicht Raum genug, um all die unterschiedlichen Außenborder-Rennklassen aufzuzählen, die in den verschiedenen Ländern gelten. Unterscheiden muß man zwischen Rundstreckenrennen, die binnen ausgetragen werden und bei denen ausschließlich Außenborder den Antrieb liefern, und Offshore-Rennen, bei denen es den Wettbewerbsteilnehmern freisteht, welche Art der Motorisierung sie innerhalb der Klassenvorschriften wählen. In den höchsten Rennklassen kann das zu monströsen Konstruktionen mit bis zu sechs Außenbordern gehen. Für Liebhaber dieser Rennen im folgenden die wichtigsten Klassen für internationale Rundstreckenrennen (Stand 1992).
Formel 1   Homologierte (spezielle Renn-)Katamarane bis 2000 cm^3
Formel 3   O: 850, homologierte (spezielle Renn-)
           Katamarane 751 bis 850 cm^3
Formel 4   S: 850, Katamarane mit Serien-Außenbordern
           751 bis 850 cm^3
Formel 5   Katamarane mit Serien-Außenbordern 551 bis 750 cm^3
Es gibt eine ganze Anzahl weiterer Außenborder-Rennklassen bis hinunter zu einer 10-PS-Kategorie.
Die Katamarane und Einrumpfboote für den Renneinsatz sind Sonderanfertigungen.

Einzel- oder Doppelmotorisierung?

Von Zeit zu Zeit veröffentlichen Bootszeitschriften Vergleichstest desselben Bootstyps, einmal mit einem, einmal mit zwei Motoren. Für gleiche Fahrleistungen muß die Doppelinstallation zusammen etwa 40 % mehr Leistung haben als der Einzelmotor; um also genauso schnell zu sein wie mit einem 100-PS-Motor, braucht man zwei 70 PS-Außenborder. Das bringt uns zum größten Nachteil der Doppelmotorenanlage: den Kosten. Zwei 70er sind nicht nur teurer als ein 100er, auch die Kosten für die zweite Fernschaltung, zwei Batterien, den Ausbau der Lenkung und möglicherweise zusätzliche Instrumente summieren sich. Die Betriebskosten sind höher, und zusätzliches Gewicht und Fahrwiderstand erhöhen den Benzinverbrauch. Unter dem Gesichtspunkt der Wirtschaftlichkeit ist der Einzelmotor also klarer Sieger.

Aber Geld ist nicht der einzige Faktor: Gute Seemannschaft ist wichtiger. Abhängig von den Antworten auf die Fragen: Wie? Wer? Wann? Wo? zu Beginn dieses Kapitels ist die Doppelanlage für den Einsatz auf See wegen ihrer Sicherheit meist die bessere Wahl, denn zwei Motoren dürften kaum gleichzeitig ausfallen.

Es gibt nur ein Argument für zwei Motoren: die größere Sicherheit. Bei der Zuverlässigkeit heutiger Außenborder verfängt das aber nur, wenn man häufiger längere (See-)Strecken zurücklegen will. Ansonsten sind Doppelmotoren auf der ganzen Linie unwirtschaftlicher als eine entsprechend gleich starke Einzelmaschine. Schneller ist das Boot damit außerdem.

3 Die Praxis

Die Installation

Einzelinstallation

Einzelne Außenborder sollten normalerweise auf einer senkrechten Linie installiert werden, die durch die Mitte des Spiegels geht. Auf einem Segelboot kann die Heckform eine Anbringung seitlich am Heck nötig machen. Glücklicherweise spielt die Position des Außenborders bei einem Verdränger kaum eine Rolle, und der seitlich versetzte Schub des Motors kann durch eine etwas schräge Stellung ausgeglichen werden. Häufiger noch wird der Außenborder in Mittelstellung fixiert; das Steuern übernimmt das Ruder des Bootes.
Bei Gleitern muß der Außenborder mittig am Spiegel montiert werden. Üblicherweise ist die exakte Mitte durch die Montageplatte vom Bootsbauer vorgegeben. Sollte das ausnahmsweise einmal nicht der Fall sein, muß man die Mitte selbst finden und anzeichnen. Je größer das Boot, desto wichtiger ist es, diese Mittellinie exakt richtig zu finden. Denken Sie daran: Der Außenborder wird mit Schraubbolzen befestigt, und wir wollen nicht so viele Löcher bohren, daß der Spiegel hinterher wie ein Schweizer Käse aussieht!
Der einfachste und genaueste Weg, die Mittellinie festzulegen, funktioniert mit einem Bleistift und einem Stück Schnur. Die Methode haben wir alle in der Schule gelernt, als wir in Geometrie mit Zirkel und Lineal eine Strecke halbieren mußten. Machen Sie eine Schlinge in die Schnur, so daß sie gerade etwas länger ist als die halbe Spiegelbreite. Halten Sie das Ende der Schnur an die linke obere Ecke des Spiegels, stecken Sie den Bleistift in die Schlinge und markieren Sie einen Kreisabschnitt auf dem Spiegel. Dasselbe tun Sie nun, ohne die Länge der Schnur zu ver-

Einzelinstallation

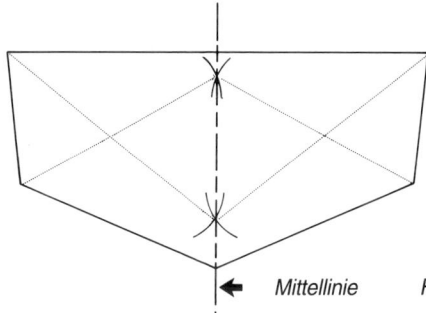

← *Mittellinie*   *Festlegen der Mittellinie des Spiegels.*

ändern, von der rechten oberen Ecke aus. Der Schnittpunkt der beiden Kreisbögen liegt nun genau in der Mitte des Spiegels. Machen Sie das gleiche noch einmal, am besten von dem Punkt aus, wo die Bordwand auf den V-Boden trifft, und Sie erhalten einen weiteren Schnittpunkt. Die Linie durch die beiden Schnittpunkte ist die exakte Mittellinie.
Bringen Sie nun den Außenborder auf der Mittellinie des Spiegels an. Befestigen Sie ihn dann mit den serienmäßigen Klemmschrauben oder vorläufig mit Schraubzwingen.
Wie hoch der Motor montiert wird, ist ein Faktor, der das Fahrverhalten des Bootes mehr als alles andere beeinflußt. Neben der Wahl des Propellers ist dies der häufigste Grund für Unzufriedenheit, weil Fehler das beste Außenborderboot der Welt zu einer Gurke machen können!
Bei einem sportlichen Gleiter erzeugt ein zu tief im Wasser angebrachter Außenborder unnötigen Fahrwiderstand, er bremst das Boot und verschwendet Treibstoff. Wird er zu hoch montiert, saugt der Propeller Luft von der Oberfläche an, manchmal nur in Kurven, manchmal sogar bei Geradeausfahrt. Die ideale Anbringung ist so hoch wie möglich, ohne daß Luft angesaugt wird.
Bei einem Serienboot hat der Hersteller normalerweise die beste Höhe für eine bestimmte Boot/Motor-Kombination durch entsprechende Fahrversuche ausgetestet. Auch wenn solche Herstellerangaben nicht vorhanden sind, wird normalerweise der Händler die Installation für Sie vornehmen. Es könnte aber sein, daß Sie die korrekte Höhe selbst festle-

3 Die Praxis

Montagehöhe des Motors.

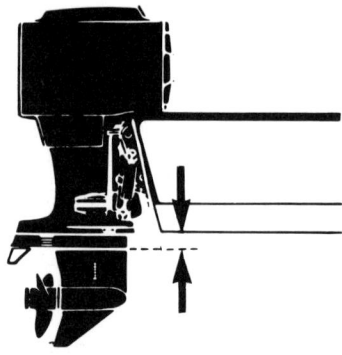

Arbeitsboote
(hohes Gewicht – langsame Fahrt) 25–50 mm unterhalb des Bootsbodens.

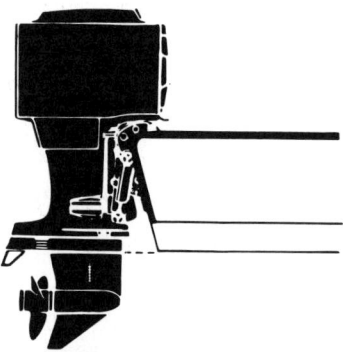

Normalbetrieb
(durchschnittliche Geschwindigkeit), mit dem Boden bündig.

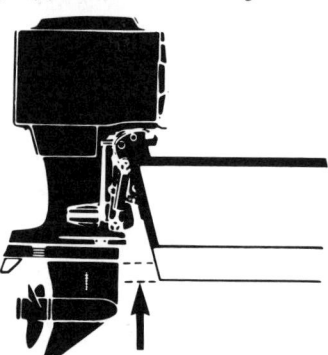

Sportlicher Betrieb
(hohe Gleitfahrt und Wasserski) 25–75 mm oberhalb des Bootsbodens.

gen wollen; für diesen Fall ist im folgenden beschrieben, wie man dabei vorgeht.

Zunächst einmal sollte der Motor so hoch angebracht werden, daß die Kavitationsplatte in Höhe des Rumpfbodens liegt. Stellen Sie den Trimmwinkel so ein, daß diese Platte parallel zum Boden liegt. Sie können dazu eine Holzleiste als „Lineal" benutzen.

Liegt die Kavitationsplatte mehr als 5 cm tiefer als der Rumpfboden, muß der Außenborder angehoben werden. Benutzen Sie dazu Holzstücke als Distanzhalter in der Klemmhalterung. Liegt die Platte über 6,5 cm höher als der Boden, muß der Motor abgesenkt werden. Das kann bedeuten, daß der Spiegel ausgeschnitten werden muß. Bevor man zu solch drastischen Maßnahmen greift, sollte man das mit dem Händler oder der Werft besprechen.

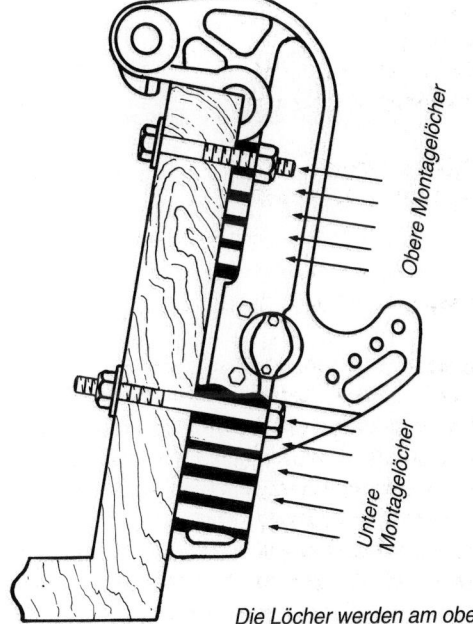

Die Löcher werden am oberen Ende der Schlitze gebohrt.

Klemmen Sie die Maschine in dieser Position fest. Motoren über 20 PS werden unter Verwendung der mitgelieferten Schraubbolzen fest am Spiegel verschraubt. Dazu bohren Sie zwei Löcher durch den Spiegel, und zwar jeweils am oberen Ende der Schlitze oder durch das obere der Löcher in der Halterung. Oben deshalb, damit Sie keine neuen Löcher bohren müssen, falls aufgrund der ersten Testfahrten der Motor doch noch angehoben werden soll.

Vergewissern Sie sich vorher, daß Sie den Spiegel ungehindert bis zur Innenseite durchbohren können. Die Bolzen müssen dann satt in Dichtungsmasse eingesetzt werden, damit kein Wasser durch die Löcher in den Spiegel eindringt. Doppelt wichtig ist das, wenn der Spiegel aus Holz/GFK-Sandwich besteht, da das Holz Wasser wie Löschpapier aufsaugt, was zum Aufquellen des Holzes und Delaminieren des Kunststoffs führen kann und den Spiegel ruiniert.

Ziehen Sie die Schrauben fest an und benutzen Sie die mitgelieferten Unterlegscheiben und selbstsichernden Muttern. Die endgültige Einstellung der Motorhöhe kann erst nach der Testfahrt vorgenommen werden. Bei langsamen Verdrängern ist genau das Gegenteil Zweck der Übung. Hier versuchen wir, den Propeller so tief zu positionieren, wie es möglich ist, ohne den Motor unter Wasser zu setzen. Aus diesem Grund haben die Außenborder-Modelle, die für Verdränger – zum Beispiel Segelboote – bestimmt sind, längere Schäfte als üblich. Oft besitzen sie auch eine größere Kavitationsplatte, um das Ansaugen von Luft zu unterbinden.

Doppelmotor-Anlagen

Jeder Außenborder-Hersteller gibt einen minimalen Abstand für jedes produzierte Modell an. Gemeint ist der Mindestabstand zwischen den Motoren einer Doppelinstallation, der nötig ist, damit die Maschinen sich beim Lenkeinschlag nicht berühren. Wenn dieser Abstand plus die Breite der beiden Motoren die Gesamtbreite des Spiegels übertrifft, ist eine Doppelinstallation nicht möglich. Allerdings kann in diesem Fall manchmal die Werft mit Modifikationen am Spiegel weiterhelfen.

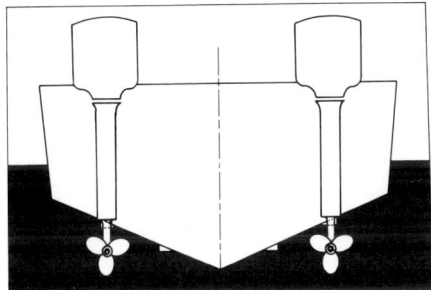

Doppelmotoren-Installation: Die Motoren sollten genau hinter die Gleitstringer gesetzt werden.

Aufgrund der V-Form des Rumpfes muß ein Boot, das in einer Einzelinstallation einen mittig angebrachten Langschaft-Motor braucht, bei einer Doppelmotorisierung mit zwei Kurzschäftern ausgerüstet werden. Auf größeren Booten würden an Stelle eines zentralen Extra-Langschaft-Motors zwei Langschaft-Versionen treten. Das bedeutet, daß Sie wahrscheinlich nicht einfach durch Zukauf eines zweiten Motors von Einzel- auf Doppelmotorisierung umrüsten können.

Das Fahrverhalten des Bootes kann durch gegenläufige Propeller verbessert werden. Wenn lieferbar, sollte man sich für diese Lösung entscheiden. Die unterschiedliche Drehrichtung der Props wirkt sich dahingehend aus, daß der Radeffekt der einen Schraube dem der anderen entgegenwirkt. Linksgängige Antriebe werden normalerweise so konstruiert, daß ein normaler Motor auf ein mit geändertem Getriebe ausgestattetes Unterwasserteil wirkt; bei einigen wenigen Modellen wird der ganze Antrieb „umgedreht", das heißt, bereits die Kurbelwelle dreht in Gegenrichtung.

Linksgängige Motoren gibt es nicht bei allen Modellen. Das sollten Sie berücksichtigen, wenn Sie den geeigneten Motortyp aussuchen.

Die Lenkungen der beiden Außenborder werden mit einer Schubstange gekoppelt, der Steuerzug (am besten ein doppelter, um die höheren Kräfte aufzunehmen) wird dann mit nur einem Motor verbunden. Anders gesagt, Sie lenken einen „Haupt"-Motor, üblicherweise die Steuerbord-

3 Die Praxis

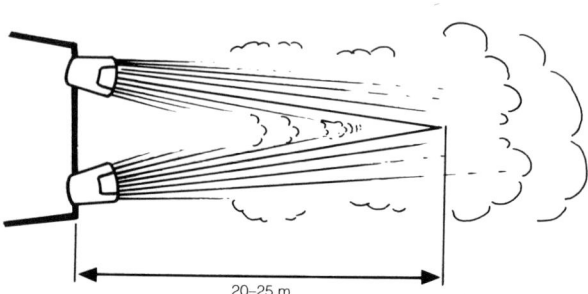

Die Heckwellen von Doppelmotoren sollten sich 20 bis 25 Meter hinter dem Boot treffen.

maschine, und der zweite Motor macht mit. Das System an getrennte Züge zu hängen, erhöht nur die Lenkkräfte und führt irgendwann zum Blockieren der Lenkung. Das gilt insbesondere, wenn eine Servolenkung vorhanden ist.

Wie bei der Einzelinstallation muß die Anbauhöhe des Motors so gewählt werden, daß die Kavitationsplatte mit dem Rumpfboden auf gleicher Höhe ist, und zwar an der Stelle, wo der Motor sitzt. Wenn am Rumpf

Außenborder im Schacht einer Segelyacht, hier mit einer vernünftigen Abgasleitung nach außenbords.

ausgeprägte Gleitstufen vorhanden sind, montiert man die Motoren jeweils direkt dahinter.
Im Normalfall werden Doppelmotoren so installiert, daß die Propeller jeweils nach außen drehen, also der Steuerbordprop im und der Backbordprop gegen den Uhrzeigersinn. Die Koppelstange wird so eingestellt, daß die Heckwellen der Motoren sich etwa 20 bis 25 Meter hinter dem Boot treffen, das entspricht einem Winkel von etwa 3 Grad. Das bewirkt eine „Vorspannung" in der Ruderanlage, ohne die die Lenkung „Spiel" hat und Vibrationen und Wechselwirkungen zwischen den Motoren auftreten.

„Performance"-Motorhalterungen

Der Geschwindigkeitsgewinn, der dadurch erzielt wird, daß bei Gleitbooten das Gewicht der Motoren weit nach achtern hin verlagert wird, wurde in Kapitel 1 erläutert. Normalerweise wird ein Außenborder am Spiegel befestigt, aber mit speziellen Halterungen kann er noch weiter nach hinten wandern. Diese Halterungen ähneln einem würfelförmigen Kasten mit einer Seitenlänge von etwa 50 cm. Der Kasten wird an den Spiegel geschraubt, der Motor an den Kasten. Dadurch hängt der Außenborder dann 50 cm hinter dem Boot.
Nur mit sehr viel Erfahrung kann man die beste Position für Halterung und Motor finden, die Installation sollte daher besser ein Fachmann durchführen. Diese Halterungen sind hauptsächlich für Hochleistungs- und Rennboote bestimmt. Bei Verwendung in rauher See muß man aufpassen, daß die Motoren nicht dem Wellenschlag ausgesetzt werden.

Installation in einem Motorschacht

Eine weitere Art der Installation, die besondere Sorgfalt verlangt, wird bei kleinen Segelbooten häufig angewandt. Dabei sitzt der Motor in einem Schacht hinter dem Cockpit, meist unter einer Klappe leicht zugänglich.

Zwei Dinge gibt es zu beachten. Erstens muß der Außenborder ausreichende Luftzufuhr haben. Wenn die Luke zu dicht schließt, bekommt der Motor keine Verbrennungsluft und bleibt stehen. Zweitens, und das wird oft übersehen, müssen die Abgase aus dem Hilfsauspuff über einen flexiblen Schlauch nach außen geleitet werden.
Im Normalfall strömen die Auspuffgase durch das Unterwasserteil ins Wasser. Das funktioniert einwandfrei, solange das Boot bei mittleren Drehzahlen Fahrt durchs Wasser macht. Im Leerlauf dagegen reicht der Druck des Motors nicht aus, die Abgase unter Wasser auszustoßen; deshalb sind im Unterwasserteil kleine Öffnungen, durch die bei niedrigen Drehzahlen die Abgase über der Wasseroberfläche in die Atmosphäre entweichen können – oder in den Schacht. Wenn sie nicht ins Freie abgeleitet werden, sammeln sich die Abgase im Schacht, und der Außenborder erstickt an seinen eigenen Ausdünstungen. Ihr Händler kann Ihnen ein geeignetes System liefern.

Motortrimm

Power-Trimm

Der Power-Trimm hat zwei unterschiedliche Funktionen: Trimmen und Kippen. Die Trimmfunktion bewegt den Motor an den Spiegel oder von ihm weg (also nach innen und nach außen) und verändert dabei den Winkel zwischen Spiegel und Unterwasserteil. Kippen ist das Hochschwenken des Motors, um zum Beispiel den Propeller freizumachen oder Kollisionen des Antriebs mit Hindernissen zu verhindern.
Für den Fall, daß die hydraulische Pumpe ausfällt, gibt es ein manuell zu betätigendes Ventil, so daß der Motor auch von Hand verstellt werden kann. Oft ist bei Ausfällen gar nicht die Pumpe das Problem, sondern eine leere Batterie, und so kann der Motor immer noch ins Wasser gelassen und mit einem Seil notgestartet werden.

Power-Trimm

Die Funktionsweise ist einfach. Ein Elektromotor treibt eine hydraulische Pumpe, die den Fluß des Öls in den hydraulischen Trimmzylinder so steuert, daß der Motor mehr oder weniger weit nach außen getrimmt wird. Der Trimmwinkel ist auf einem Anzeigegerät im Cockpit abzulesen. Der Trimmschalter sitzt auf dem Fernschalthebel, so daß der Fahrer die Hand nicht vom Gas nehmen muß, um das Boot anders zu trimmen. Üblicherweise hat die Trimmhydraulik eine integrierte Stoßdämpfung, die harte Schläge vom Boot fernhält. Die einzige notwendige Wartung ist die gelegentliche Füllstandskontrolle der Hydraulikflüssigkeit.

Der Power-Trimm – wir haben ihn zuvor schon als „Leistungsverbesserer" bezeichnet – bringt mehr Geschwindigkeit durch die Feineinstellung des Winkels zwischen Antrieb und Spiegel. Schaut man ein Außenborder-Rennen an, sieht man sehr schnell, wie stark der richtige Trimm die Geschwindigkeit beeinflußt: Der arme Teufel, bei dem der Power-Trimm ausfällt, landet schnell am Ende des Feldes.

Schon die anfängliche Beschleunigung ist besser, wenn der Motor nach innen getrimmt ist. Wenn dann das Boot den Bereich der Höchstgeschwindigkeit erreicht hat, ist ein weiterer Geschwindigkeitszuwachs nur dadurch zu erreichen, daß die Kontaktfläche zwischen Boot und Wasser verringert wird. Mit dem Power-Trimm kann der Fahrer während der Fahrt mit der Fahrdynamik des Bootes experimentieren und durch feinfühlige Veränderung des Trimms die optimale Balance finden. Trimmt er zu weit nach innen, nimmt der Widerstand zu und die Geschwindigkeit ab; zu weit nach außen, und der Propeller verliert Schub oder das Boot wird instabil. Die beste Trimmposition kann der Fahrer mit etwas Übung „fühlen", zusätzliche Informationen liefern Geschwindigkeitsmesser, Drehzahlmesser und Trimmanzeiger.

Wenn bei hohen Geschwindigkeiten nach außen getrimmt wird, kann es passieren, daß das Boot so weit aus dem Wasser kommt, daß der Auftrieb nicht mehr ausreicht. Dann legt es sich auf eine Seite, diese erhält aber sofort wieder Auftrieb und drückt das Boot auf die andere Seite, wo das Ganze von vorne anfängt. Ändert man jetzt nicht Geschwindigkeit oder Trimm, rollt das Boot mit zunehmender Amplitude von einer Seite auf die andere, ähnlich dem Schlingern eines Trailers bei zu schneller

3 Die Praxis

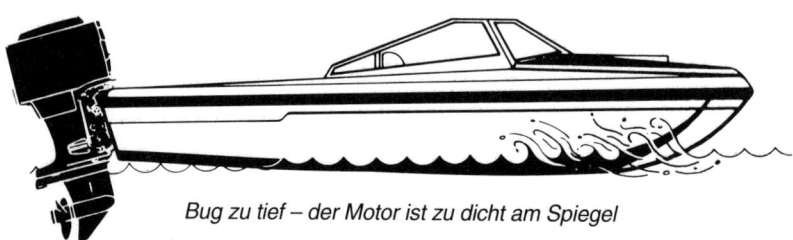

Bug zu tief – der Motor ist zu dicht am Spiegel

Bug zu hoch – der Motor ist zu weit vom Spiegel ab

Boot und Antrieb sind richtig getrimmt
(Winkel zwischen Bootsboden und Wasser etwa 3°)

Änderungen des Winkels zwischen Motor und Bootsspiegel durch Umstecken der Trimmbolzen im Lochsegment der Aufhängung verändern die Bootslage im Wasser.

Fahrt. Wenn diese Warnzeichen nicht beachtet werden, gibt es unausweichlich ein Unglück.

Gehen Sie bei hohen Geschwindigkeiten immer vorsichtig mit dem Trimm um. Auch wenn die Trimmflosse (dazu später) so eingestellt ist, daß das Ruder bei Vollgas gut ausbalanciert ist, wirken bei Trimmänderungen starke dynamische Kräfte einseitig auf den Antrieb ein. Wenn Sie keine hydraulische Ruderanlage haben, merken Sie dies sofort durch eine schwergängigere Lenkung.

Ist der Außenborder zu weit nach außen getrimmt, kann das Boot in einen Kreislauf geraten, bei dem der Bug abwechselnd hoch aufsteigt und tief eintaucht. Das ist eine andere Art der Instabilität, bei der der Schub des Propellers das Heck des Bootes nach unten und den Bug nach oben zu drücken versucht. Der Rumpf tut sein Bestes, dem zu folgen, aber irgendwann ist das Gewicht des Bootes stärker als der Aufwärtsdrang des Bugs, der fällt zurück ins Wasser und der Kreislauf beginnt von vorne.

Dieses Wippen ist außerordentlich unangenehm, kann aber durch eine Änderung des Trimms leicht beseitigt werden. Wenn das nicht geht, kann das Wippen auf einen fehlerhaft geformten Rumpf hindeuten.

Beim Überfahren von Wellen kann das Boot ebenfalls in eine rhythmisch stampfende Bewegung geraten, ähnlich dem Wippen. Auch hier bringt eine Änderung des Trimms nach innen Abhilfe; das Schlagen wird vermindert.

Der Trimmstift

Hat der Motor keinen Power-Trimm, kann der Trimmwinkel nur im Stillstand mittels des Trimmstiftes verstellt werden. Normalerweise sind 4 bis 6 Löcher vorhanden, in die der Stift entsprechend den verschiedenen Spiegelsteigungen unterschiedlicher Boote gesteckt werden kann. Die übliche Steigung beträgt 13 Grad, sie wird aber nicht von allen Bootsherstellern eingehalten und kann bei einigen Schlauchbooten bis zu 0 Grad gehen (das heißt, der Spiegel steht senkrecht). Der Trimmstift sollte so eingesetzt werden, daß die Kavitationsplatte parallel zum Bootsboden liegt. Wird das korrekt gemacht, erübrigen sich weitere Einstellungen.

Die Trimmflosse

Bei einem einmotorigen Boot bewirkt die Drehrichtung des Propellers, daß das Boot bei gerader Ruderstellung einen leichten Bogen beschreibt. Diesen Radeffekt kann man durch geringes Gegenruder ausgleichen; wie stark der Lenkeinschlag sein muß, hängt von Bootsgeschwindigkeit und Trimmwinkel ab.
Größere Außenborder, etwa ab 15 PS, haben eine Kombination aus Opferanode und Trimmflosse, die es erlaubt, die Steuerung für eine bestimmte Geschwindigkeit und einen bestimmten Trimm auszubalancieren; normalerweise für Vollgas mit dem entsprechenden Trimmwinkel. Die richtige Stellung kann man nur durch Ausprobieren herausfinden. Der Rest ist einfach: Wenn das Boot nach Backbord, also nach links ausweicht, stellt man die Flosse nach links und umgekehrt. Zur Verstellung braucht man einen Ring- oder Steckschlüssel, um an die meist unter einer Plastikkappe geschützte Mutter heranzukommen.
Richtig eingestellt läuft das Boot bei der entsprechenden Geschwindigkeit ohne Lenkkorrekturen geradeaus. Denken Sie aber daran, daß Geschwindigkeits- oder Trimmänderungen das sofort ändern. Besonders mit Power-Trimm ist Vorsicht geboten, denn die einwirkenden Kräfte sind recht stark, und schon kleine Änderungen können sich schnell und heftig auswirken.

Trimmklappen

Ein Rumpf ist so konstruiert, daß das Boot in einer stabilen Trimmlage fährt, doch wenn es hohe Bordwände oder große Aufbauten hat wie beispielsweise ein Kabinenkreuzer, kann ein starker Wind es zum Krängen bringen. Dabei geraten die hydrodynamischen Kräfte, die auf den Rumpf

wirken, aus dem Gleichgewicht. Das ist nicht nur unangenehm; die Krängung verschlechtert das Fahrverhalten, zum Kurshalten muß stärker gegengesteuert werden, und die Geschwindigkeit nimmt ab.
Zum Ausgleich kann man am Spiegel Trimmklappen anbringen. Separat

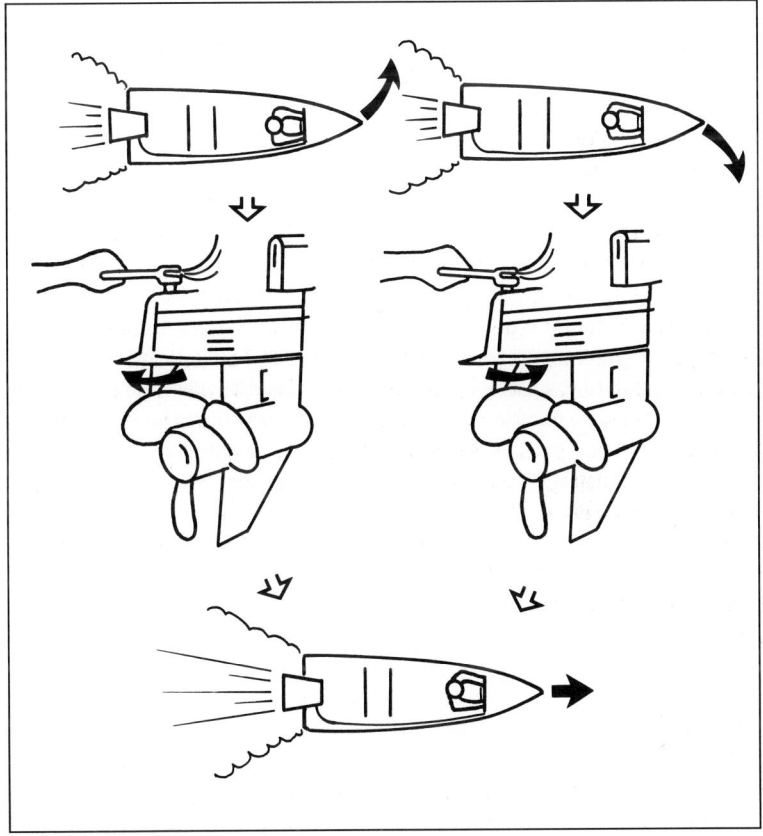

Die Trimmflosse unter der Kavitationsplatte und ihre Einstellung, um den Radeffekt des Propellers auszugleichen.

3 Die Praxis

betätigt können sie auf einer Seite des Rumpfes nach unten gefahren werden und drücken dann das Boot wieder in eine aufrechte Lage. Ist kein Power-Trimm vorhanden, kann man durch Absenken beider Klappen den Bug nach unten trimmen, was bei rauher See Vorteile bringen kann. Wenn allerdings das Boot auch im Stillstand krängt, sollte man die Ursache eher am Boot suchen als per Trimmklappe die Symptome zu behandeln.

Radsteuerung

Seil und Rollen

Die billigste Ruderanlage besteht aus einem Seil, das auf eine Trommel hinter dem Lenkrad gewickelt ist und über Rollen zum Motor geführt wird. Die geringen Kosten sind das einzige, was für ein solches System spricht, und es ist für alle außer den allerkleinsten Motoren unbrauchbar. Die Gefahr, daß das Seil durchrutscht, von einer der Rollen springt oder mit anderen Ausrüstungsteilen in Konflikt gerät, ist einfach zu groß, denn dann verlieren Sie jede Kontrolle über das Boot.

Kabelsysteme

Standard bei Außenbordern ist das Bowdenzug- oder Zug-Druck-System. Dabei wird die Drehung des Steuerrads durch ein Lenkgetriebe in eine lineare Bewegung verwandelt. Der Mantel des Bowdenzugs ist mit dem Getriebegehäuse verbunden, während die Seele entsprechend den Bewegungen des Rades in den Mantel geschoben oder herausgezogen wird.
Motorseitig ist der Mantel fest am Boot (manchmal am Motor) fixiert; die Seele ist mit dem Lenkhebel des Motors verbunden. Bei der Installation

muß man darauf achten, daß das Steuerkabel beim Trimmen oder Kippen des Motors nicht zu stark gebogen oder gar beschädigt werden kann. Doppelte Kabelsteuerung – dabei verlaufen die Kabel auf beiden Seiten des Bootes, so daß jeweils eines schiebt und eines zieht – kann man ab 100 PS und sollte man tunlichst ab 200 PS aufwärts benutzen. Neben der erhöhten Sicherheit sorgt das Doppelkabel für weniger Spiel und ein verbessertes Lenkgefühl.

Hydraulische Lenkung

Bei einem einzeln installierten Außenborder wird es mit zunehmender Motorleistung unmöglich, ein neutrales Lenkverhalten bei allen Fahrzuständen zu erreichen. Das gilt besonders für Motoren mit Power-Trimm. Man kann zwar die Lenkung so einstellen, daß bei einer bestimmten Kombination von Gashebelstellung und Trimmposition ohne Lenkkorrektur das Boot geradeaus läuft. Sobald jedoch Gas oder Trimm verändert werden, wirkt sich das als Widerstand in der Lenkung aus.
Unterschieden werden muß zwischen der dauernden Schwergängigkeit, die durch fehlende Schmierung im Lenksystem oder im Steuermechanismus des Motors auftritt, und der Art von Schwergängigkeit, die bei höherer Geschwindigkeit einseitig in eine Richtung eintritt. Letzteres rührt von der seitlichen Schubkomponente des Propellers her und tritt deshalb nur bei Einzelmotoren auf; Doppelmotoren mit gegenläufigen Propellern neutralisieren diesen Effekt gegenseitig.
Bei Motoren über 100 PS kann die Lenkung so schwergängig werden, daß eine hydraulische Steuerung sinnvoll wird. Zubehörhersteller bieten verschiedene Systeme an, manche zur Installation am Motor selbst, manche zum Einbau zwischen Steuerrad und Außenborder. Der Vorteil der Hydraulik liegt darin, daß Antriebseinflüsse nicht in die Lenkung zurückschlagen, als würde der Schwanz mit dem Hund wedeln. Ein gewisses „Gefühl" in der Lenkung ist zwar nützlich, aber es sollte die Lenkung sein, die das Boot steuert und nicht umgekehrt.

3 Die Praxis

Hydraulische Systeme können bei Einzel- wie an Doppelinstallationen eingesetzt werden.

Servolenkung

Zwei Hersteller von Außenbordern über 200 PS bieten derzeit eine komplette Servolenkung als Standard- beziehungsweise Sonderausstattung an. Dabei ist eine Hydraulikpumpe am Motor installiert, die einen Arbeitszylinder am Lenkhebel betätigt. Das Steuerkabel gibt nur noch die Befehle weiter, die Arbeit übernimmt die Hydraulikpumpe. Der Nachteil ist, daß jegliche Rückkoppelung auf das Lenkrad fehlt.

Fernschaltung

Einhebelschaltung

Die meisten Außenborder mit Elektrostart und alle Modelle mit 20 und mehr PS haben eine Fernschaltung. Die Einhebelschaltung vereinigt Gas- und Getriebebedienung in einem einzigen Hebel; bei weitem die einfachste und sicherste Bedienung und bis hin zu den kleinsten Außenbordern verwendbar. Man kann argumentieren, daß eine Einhebelschaltung bei kleinen Booten wie Schlauchbooten oder Dingis mit 15 PS oder weniger ein recht ausgefallenes Extra ist, doch der Sicherheitsgewinn durch die einfache Bedienung macht die zusätzlichen Kosten leicht wett. Es ist einfach zu leicht, im Notfall einen falschen Hebel zu greifen und plötzlich rückwärts statt vorwärts zu fahren.
Die Einhebelschaltung geht außerdem mit Ihrem Außenborder behutsamer um. Schalten bei zu hoher Drehzahl ist nicht möglich; im Leerlauf ist die Drehzahl begrenzt, kann aber zum Warmlaufen erhöht werden. Einige Topmodelle haben sogar eine Sperre, die ein versehentliches Einkuppeln verhindert.

Instrumente

Zweihebelschaltungen

Trotz der eindeutigen Vorteile der Einhebelschaltung ist die überwiegende Anzahl der Außenborderboote mit Zweihebelschaltungen ausgerüstet – aus Kostengründen. Gas und Getriebe werden getrennt bedient. Die Handhabung ist umständlicher, besonders für einen Anfänger, und verführt geradezu zu Fehlreaktionen.

Instrumente

Instrumente zeigen an, was in und um den Außenborder passiert, und wie er mit dem Boot zusammenarbeitet. Je besser die Instrumentierung, desto mehr Informationen erhalten Sie. Und je besser Sie informiert sind, desto schneller merken Sie, wenn etwas schiefläuft. Wie bei den meisten Maschinen kann das frühe Erkennen von Problemen den möglichen Schaden in Grenzen halten und die Reparaturkosten verringern.

Vielseitig ist das Angebot an Kontroll- und Anzeigeinstrumenten: Drehzahlmesser – entschieden das wichtigste Anzeigegerät –, Speedometer, Voltmeter, Tankanzeige, Trimmanzeige, Betriebsstundenzähler etc.

3 Die Praxis

Ein mit Instrumenten gespicktes Armaturenbrett mag ja eindrucksvoll aussehen, aber übertreiben Sie nicht: Zu viele Anzeiger überfordern Ihre Aufnahmefähigkeit, und es kann dann leicht passieren, daß ein Problem nicht rechtzeitig erkannt wird. Glücklicherweise haben viele moderne Außenborder, besonders in der großen Klasse, ein eingebautes elektronisches Überwachungssystem, das sich meldet, wenn etwas nicht in Ordnung ist. Suzuki bietet sogar sprechende Außenborder an, die Ihnen in einer Sprache nach Wahl sagen, was kaputt ist!

Drehzahlmesser

Das wichtigste Instrument für einen Außenborder ist der Drehzahlmesser. Kein anderes Instrument sagt Ihnen, wie der Motor läuft. Selbst für kleine Schlauchboote, wo ein fest eingebauter Drehzahlmesser nicht sinnvoll ist, gibt es einfache und preiswerte Vibrations-Drehzahlmesser, die von Zeit zu Zeit zur Überprüfung der Drehzahl benutzt werden können.
Es ist wichtig zu wissen, was man alles von einem Drehzahlmesser ablesen kann. Dieses Thema wird im Detail in Kapitel 4 behandelt.

Geschwindigkeitsmesser

Die Geschwindigkeit eines Außenborderboots durch das Wasser wird prinzipiell nach zwei Methoden gemessen. Da ist zuerst einmal der Staudruckmesser, der den Staudruck des Wassers an einem speziell geformten Geber als Maßstab für die Geschwindigkeit nimmt. Dieses System ist zwar bei niedrigen Geschwindigkeiten recht ungenau, aber es ist einfach zu installieren, kostet wenig, und der Anzeiger paßt meist vom Aussehen zum Drehzahlmesser. Einige Außenborder haben sogar einen eingebauten Staudruckgeber im Unterwasserteil, so daß nicht einmal ein separater Geber angeschraubt werden muß. Gelegentlich kann der Pla-

Geschwindigkeitsmesser

Ein gut gestaltetes, übersichtliches Instrumentenpaneel eines Kabinenkreuzers mit wirklich optimaler Instrumentierung und griffig liegenden Schalthebeln. Links vom Lenkrad, neben dem Zündschlüssel, die Schnur des Quickstop-Schalters. Er schließt den Motor kurz, falls der Fahrer einmal die Gewalt über sein Boot verlieren sollte.

stikschlauch zwischen Geber und Anzeigegerät verstopfen, aber das läßt sich mit ein bißchen Druckluft leicht beheben.

Größere Genauigkeit bei allen Geschwindigkeiten bringt ein Impellerlog. Die Arbeitsweise ist die gleiche wie bei einem Schlepplog, bei dem ein geeichter Impeller durch das Wasser gezogen wird. Die Drehgeschwindigkeit des Impellers ist proportional zur Fahrgeschwindigkeit und wird auf dem Instrument als Bootsgeschwindigkeit angezeigt.

Eine dritte Variante ist das Schaufelrad-Log, bei dem der Geber zum Säubern von innen herausgenommen werden kann. Für Verdränger sind die meisten Modelle recht gut, bei schnellen Booten sollte man sich genau informieren, ob das Schaufelrad auch bei hohen Geschwindigkeiten eine genaue Anzeige gewährleistet.

Kühlwassertemperatur

Die Kühlwassertemperatur wird von einem Geber im Wassermantel des Zylinderkopfes gemessen. Sie variiert stark, abhängig von der Drehzahl. Anders als beim Auto liegt das weniger am Thermostat als an dem Überdruckventil, das bei den meisten Außenbordern im Kühlsystem sitzt und bei niedrigen Drehzahlen schließt, damit der Motor warm bleibt.

Der Wassertemperaturanzeiger wird in seiner Bedeutung weit überschätzt und sorgt oft für ein völlig unangebrachtes Sicherheitsgefühl. Die häufigste Ursache für eine Überhitzung des Motors ist die plötzliche Verstopfung des Wassereinlasses: Wenn Sie mit Vollgas über eine Plastiktüte laufen, kann der Wasserfluß blitzschnell aufhören. Dann steigt die Zylinderkopftemperatur so schnell an, daß Ihr Motor wahrscheinlich einen Kolbenfresser hat, bevor der Temperaturanzeiger auch nur reagiert.

Wasserdruckanzeiger

Eine weit bessere Kontrolle der Funktion des Kühlsystems ermöglicht der Wasserdruckanzeiger. Hier fällt die Nadel auf Null, und der Alarm geht los, sobald der Wasserzufluß aufhört. Das verschafft Ihnen genügend Zeit, den Motor stillzulegen, bevor er Schaden nimmt.

Das oben erwähnte Überdruckventil öffnet und schließt, um die Motortemperatur bei niedrigen Drehzahlen hoch genug zu halten. Das führt zu starken und schnellen Änderungen in der Wasserdruckanzeige, die man nicht falsch interpretieren darf.

Einige Hersteller haben einen Fühler für den Kühlwasserfluß in der Maschine. In Verbindung mit einer automatischen Motorüberwachung macht er den Wasserdruckanzeiger überflüssig, denn sobald der Geber eine Fehlfunktion im Kühlsystem entdeckt, wird automatisch die Motordrehzahl reduziert, bis der Fehler behoben ist.

Ampèremeter

Das Ampèremeter zeigt an, wieviel Strom von oder zur Batterie fließt. Damit läßt sich gut feststellen, ob die Batterie geladen wird, nicht aber, ob die Batterie voll ist – dazu dient das Voltmeter. Ein Ampèremeter an einem Motor mit Handstart ist natürlich unsinnig.

Voltmeter

Das Voltmeter gehört selten zur Grundausstattung, obwohl es ein extrem nützliches Instrument ist. Mit ihm läßt sich der Ladezustand der Batterie recht gut abschätzen. Die einzige andere Methode, die Batterieladung zu ermitteln, ist die Messung der spezifischen Dichte der Batteriesäure mit einem Hygrometer, eine bestenfalls unangenehme und aufwendige Sache. Ein Voltmeter sollte von Anfang an mit installiert werden.

Power-Trimm-Anzeiger

Dieses Instrument wird selten einzeln angeboten; es gehört zum Power-Trimm. Angezeigt wird der Winkel des Außenborders zum Spiegel. Wenn der Prop so weit wie möglich nach unten gefahren, also nach „innen" getrimmt ist, zeigt das meist in Englisch beschriftete Instrument „trimmed in" oder „down" an. Ist der Motor vom Spiegel weg, nach außen getrimmt, steht der Zeiger auf „trimmed out" oder „up". Merkt man sich den Trimmwinkel, bei dem das Boot in Fahrversuchen am besten läuft, kann man sehr einfach die optimale Trimmposition für eine bestimmte Geschwindigkeit wiederfinden.

Motorüberwachung

Immer mehr Hersteller rüsten ihre größeren Modelle mit einem elektronischen Motormanagement und -überwachungssystem aus. Daten wie Wassertemperatur, Ölstände, Drehzahl (und, abhängig vom Hersteller, etliche weitere) werden dauernd überwacht und mit voreingestellten Sollwerten verglichen. Wenn einer der Sensoren eine Unregelmäßigkeit entdeckt, zeigt das Motorüberwachungssystem den Fehler auf einem Display an und ergreift oft selbständig Maßnahmen, um einen Maschinenschaden zu verhindern, zum Beispiel durch Absenken der Drehzahl auf ein sicheres Niveau. Das Display sollte im Cockpit an einer gut sichtbaren Stelle angebracht werden, so daß es regelmäßig überprüft werden kann.

Betriebsstundenzähler

Ob man ihn braucht, ist Geschmacksache. Auf größeren Booten, besonders für den kommerziellen Einsatz, ist er häufiger zu sehen. Er registriert nicht nur, wie oft das Boot benutzt wird, er ist auch nützlich, wenn es darum geht, Service-Intervalle einzuhalten. Privat genutzte Boote werden durchschnittlich 50 Stunden im Jahr gefahren, deshalb ist es vielleicht besser, auf den Betriebsstundenzähler zu verzichten und nicht laufend vor Augen zu haben, wie wenig die teure Investition genutzt wird.

Das Kraftstoffsystem

Kraftstoffverbrauch

Die Größe des oder der Tanks für ein bestimmtes Boot hängt natürlich von der Größe des oder der Motoren und der Fahrweise, also Vollgas oder Teillast, ab. Außerdem natürlich davon, wie lange ohne Unterbrechung gefahren werden soll. Als grobe Regel kann gelten, daß die PS-Zahl des Motors geteilt durch zwei in etwa den Vollgas-Verbrauch in Litern pro Stunde ergibt, einschließlich einer Reserve von 15 %. Die Hälfte davon, also ein Viertel der PS, gibt einen Anhaltspunkt für den Durchschnittsverbrauch bei normalem Betrieb.
Ein Beispiel: Wenn Sie einen 50-PS-Motor eine Stunde lang mit Vollgas fahren, können Sie von einem Verbrauch von etwa 25 Litern ausgehen. Bei normalem Mischbetrieb (Herumfahren, Manövrieren, Wasserski usw.) sind es etwa 12 Liter. Mit dieser Faustregel kann man die passende Tankgröße leicht errechnen.

Separate Kraftstofftanks

Metalltanks

Die Außenborder am unteren Ende der jeweiligen Baureihen haben sämtlich Einbautanks; erst ab 3 PS werden separate Tanks angeboten. Der kleine Standardtank besteht aus gepreßtem Stahlblech und faßt 12 Liter. Oberhalb 8 PS ist der größere 23-Liter-Tank Standard. Im Tank betätigt ein Schwimmer einen Tankanzeiger; ein Gazefilter am Einlaß der Kraftstoffleitung verhindert, daß Schmutz angesaugt wird.
Stahltanks bekommen unausweichlich Kratzer und Beulen, und besonders in salzhaltiger Luft rosten sie schnell und werden unansehnlich. Beim Hantieren mit einem vollen Tank kann man leider auch sehr schnell das Gelcoat absplittern. Außerdem kann ein ungesicherter Tank im Boot herumfliegen, die Stabilität verändern, den Boden zerkratzen oder, in

3 Die Praxis

Schnitt durch den OMC-Accumix-Tank.

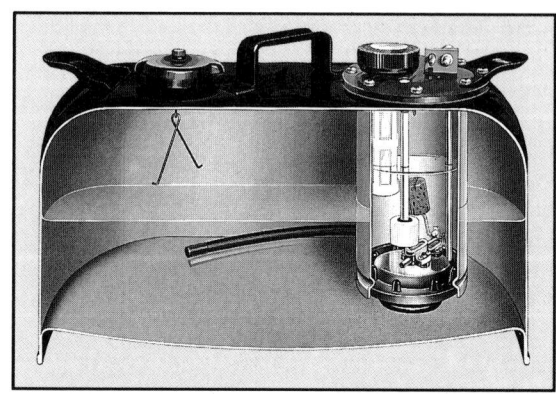

Schlauchbooten, die Schläuche beschädigen. Von den meisten Hersteller gibt es spezielle Clips, die den Tank fixieren.

Eine Weiterentwicklung des normalen Tragetanks ist der von OMC angebotene Accumix. Er besteht aus zwei Abteilungen; eine für Benzin und eine kleinere für Öl. Öl und Benzin kommen in ihre jeweiligen Kammern, und das Öl wird automatisch im Verhältnis 1:50 zugemischt.

Kunststofftanks

Obwohl in einigen Ländern die Vorschriften ihren Gebrauch einschränken, werden Kunststofftanks immer beliebter und von einigen Firmen bereits als Serienausstattung angeboten. Gegenüber der Stahlversion haben sie einige Vorteile: Sie sind leichter zu tragen, richten weniger Schaden an Ihrem Bein, Boot oder Auto an, sind niedriger und passen daher eher unter eine Sitzbank und haben manchmal eine Reserve. Ein Tankanzeiger ist normalerweise in den Deckel eingebaut.

Flexible Tanks

Sie werden seit Jahrzehnten in der Flugzeugindustrie verwendet und sind sehr praktisch für den Bootseinsatz, besonders da, wo der Platz knapp ist. Wenn sie leer sind, brauchen sie keinen Raum und sind leicht zu verstauen, mehr oder weniger überall. Sie lassen sich leicht tragen und tun weder Ihnen noch dem Boot weh. Für Schlauchboote sind sie die beste Lösung. Der einzige wirkliche Nachteil ist, daß solche Tanks wegen ihrer flexiblen Bauweise nicht mit einem Tankanzeiger ausgerüstet werden können; doch mit etwas Übung kann man recht genau sehen oder fühlen, wieviel Kraftstoff noch da ist.

Sicherheitstanks

Für Sicherheitsbewußte könnten die speziellen synthetischen Sicherheits-Kraftstofftanks von Interesse sein, wie sie von vielen kommerziellen und militärischen Nutzern verwendet werden. Die rostfreien 24-Liter-Behälter bestehen aus festem Kunststoff und haben ein Überdruckventil, so daß sie bei Feuer abbrennen anstatt zu explodieren.

Einbautanks

Wenn man ihn direkt an einer Tankstelle auffüllen kann, ist der Einbautank die bequemste Lösung. Die größere Kapazität bedeutet, daß man nicht so oft nachtanken muß, weniger danebengeht und keine schweren Tanks durch die Gegend geschleppt werden müssen. Die meisten Außenborderhersteller bieten passend zu ihren Instrumenten Tankanzeiger für solche Tanks an.
Das gebräuchlichste Material für Einbautanks ist Stahl, aber auch GFK wird dafür verwendet. Kraftstofftanks müssen unbedingt von professionellen Herstellern angefertigt werden und den jeweils gültigen gesetzlichen Vorschriften entsprechen. Bei GFK-Tanks muß man beachten, daß die inneren Oberflächen keine Materialien enthalten, die vom Kraftstoff gelöst werden und den Vergaser verstopfen können.
Mit der Zeit wird sich Wasser und Schmutz am Boden des Tanks ablagern. Es muß also eine Möglichkeit vorhanden sein, den Tank gelegent-

lich zu entleeren. Wo die Kraftstoffleitung den Tank verläßt, muß ein Benzinhahn angebracht sein.

Kraftstoffleitungen

Die mit dem Außenborder gelieferte Schlauchleitung ist in den meisten Fällen ausreichend; nur wenn Sie mehr als einen Motor oder Tank installieren, werden Änderungen nötig. Mehrere Tanks schließt man am besten über einen Mehrwegehahn an den Außenborder an, so daß der jeweilige Tank gewählt werden kann. Ohne einen solchen Hahn müßte man die Kraftstoffleitung jeweils von einem zum anderen Tank umstecken – das sieht beim Händler einfach aus, ist aber auf bewegtem Wasser kein Vergnügen. Wenn dauernd mehr als drei Tanks benutzt werden, ist ein großer fester oder flexibler Einbautank bequemer.

Leitungen von fest eingebauten Tanks bestehen meist vom Tank bis zum Spiegel aus Kupferrohren, dann kommt ein Stück flexibler Schlauch, in dem auch die Gummiballpumpe sitzt. Empfehlenswert ist es, irgendwo in die Kupferleitung einen Kraftstoffilter mit Wasserabscheider einzubauen.

Das elektrische System

Außenborder erzeugen die für den Motor selbst und andere Verbraucher an Bord benötigte Elektrizität mit unterschiedlichen Mitteln: Lichtspulen, Ladespulen und Lichtmaschinen sind nur drei davon. Bei Motoren ab 6 PS serienmäßig und ab 4 PS auf Sonderwunsch vorhanden, erzeugen sie eine drehzahlabhängige Spannung, wenn sie nicht durch einen Spannungsregler oder eine Batterie stabilisiert wird.

Die Leistung beträgt meist 80 W bei 12 V, bei einigen Herstellern mehr, bei anderen weniger. Man muß jedoch berücksichtigen, daß dies die maximale Leistung bei Vollgas ist. Was nur wenige Handbücher und Pro-

spekte zugeben, ist, daß bei niedrigen Drehzahlen nur wenig oder gar kein Ladestrom erzeugt wird.
Ebenfalls wichtig ist ein ausgewogenes Verhältnis zwischen der Leistung der Lichtspule und dem Stromverbrauch. Wenn beispielsweise Lampen mit einer Nennleistung von 60 W an einer 80 W-Lichtspule hängen, steigt die Spannung bei Vollgas über 12 V, und die Lampen können durchbrennen. Abhilfe schafft man, indem man entweder den Verbrauch anpaßt, einen Spannungsregler einbaut oder die Lichtspule über einen Gleichrichter an eine Batterie anschließt. Letzteres hat den Vorteil, daß die gespeicherte Energie auch bei Leerlauf die Lampen versorgen kann. Gerade wenn Navigationslampen gebraucht werden, ist daher die Batterie die beste Lösung.
Außenborder mit Elektrostart haben normalerweise einen serienmäßigen Gleichrichter, die meisten größeren Modelle besitzen auch einen Spannungsregler, der das Überladen der Batterie verhindert.

Batterien

Einmotorenanlagen

Eine Reihe von Herstellern bietet Spezialbatterien für Boote an. Sie haben einen Tragegriff, und wenn sie umkippen, läuft keine Säure aus. Solche Batterien kosten etwas mehr als die normalen Autobatterien, aber Sie müssen nur einmal eine Batterie fallenlassen und die Säure über den Bootsboden verteilen, um die Vorzüge einer Marinebatterie schätzen zu lernen.
Die minimale Batteriekapazität für den jeweiligen Motor ist im Bedienungshandbuch angegeben. Ist die Batterie zu klein für die Maschine, kann sie überladen oder „gekocht" werden, denn der Ladestrom eines Außenborders ist nicht so exakt geregelt wie beim Auto. Als Faustregel reicht bei Außenbordern bis zu 40 PS eine Kapazität von 40 Ah aus, größere Motoren brauchen 70 Ah, bei Betrieb in kalten Klimazonen sollte man 100 Ah nehmen.

3 Die Praxis

Doppelmotor-Anlagen

Doppelinstallationen sollten zwei Batterien haben, eine für jeden Motor. Es ist zwar möglich, eine einzige große Batterie zu verwenden, an die die Lichtmaschine eines der Motoren angeschlossen ist, aber damit verzichten Sie auf einen der hauptsächlichen Vorteile einer Doppelmotorenanlage, nämlich die Zuverlässigkeit. Nebenbei gesagt, zwei Außenborder-Lichtmaschinen dürfen niemals an dieselbe Batterie angeschlossen werden, sonst stören Sie sich gegenseitig.

Eine noch größere Zuverlässigkeit kann man erreichen, indem man die gleiche Methode verwendet, die auf größeren Booten üblich ist. Man verwendet zwei Batterien, die jeweils unabhängig voneinander von einem Motor aufgeladen werden. Beide Anlasser sind mit derselben Starter-Batterie verbunden, während die andere Batterie die sonstigen elektrischen Verbraucher an Bord versorgt. Die Batterien sind über Dioden (elektrische Einbahnstraßen) so verbunden, daß Strom zwar in die Starterbatterie fließen kann, nicht jedoch heraus. Dieses nur scheinbar komplizierte System bietet den Vorteil, daß die Starterbatterie immer voll geladen ist und die Maschinen gestartet werden können, auch wenn der versehentlich eingeschaltete Kühlschrank zwei Wochen lang die Versorgerbatterie leergenuckelt hat. Einige große Außenborder haben serienmäßig Trenndioden für ein solches Zwei-Batterien-System.

Entstörung

Mit zunehmender Verwendung von UKW-Funksprechgeräten, Mobiltelefonen, CB-Geräten, Echoloten etc. auf den heutigen Außenborder-Booten haben auch die Probleme durch elektromagnetische Störungen durch Radio-Interferenz an Bedeutung gewonnen. Eine wirksame Entstörung kann schwierig sein, da Entstöreinrichtungen bei den für größere Außenborder inzwischen üblichen elektronischen High-Tech-Systemen zu Problemen führen können. Die häufigsten Schwierigkeiten und ihre Behebung sind im folgenden beschrieben, trotzdem ist es ratsam, die

Probleme und die beabsichtigten Maßnahmen mit dem Händler zu besprechen.

Die meisten Störungen verursacht die Zündkerze. Sie können meist auf ein akzeptables Niveau reduziert werden, indem man die Kerze(n) gegen einen Typ mit eingebauter Entstörung austauscht. Dabei ist darauf zu achten, daß die neue Kerze den gleichen Wärmewert hat, damit keine Probleme mit der Verbrennung auftreten. Entstört wird durch einen Widerstand oder eine Drosselspule im Isolator der Kerze. Erkennen läßt sich das an der Typennummer der Zündkerze: „R" bedeutet Widerstand, „Q" oder „Z" steht für die Drossel. Welcher Typ der richtige ist, hängt vom Zündsystem ab und wird vom Hersteller angegeben. Viele Außenborder, vor allem die in Europa gebauten, haben solche Kerzen serienmäßig.

Eine zusätzliche Störunterdrückung kann durch Kerzenstecker aus Metall erreicht werden, allerdings können diese in salziger Seeluft zu anderen Problemen führen.

Eine andere mögliche Störquelle ist der Spannungsregler, doch dessen Entstörung ist komplizierter, so daß man den Hersteller um Rat fragen sollte.

Korrosionsschutz

Die meisten Druckgußteile an einem Außenborder bestehen aus Aluminium, das in einer elektrisch leitenden Lösung – wie zum Beispiel Salzwasser – ohne Schutz schnell korrodiert. Die Hersteller behandeln alle korrosionsanfälligen Teile vor dem Lackieren mit einem speziellen Oberflächenschutz. Eine weitere Grundierung, gefolgt von dem eigentlichen Lack, bietet einen weitgehenden Schutz. Unglücklicherweise läßt sich auch damit keine absolute Korrosionsfestigkeit erreichen, insbesondere wenn die Oberfläche beschädigt wird.

Eine der billigsten und wirkungsvollen Methoden, Aluminium in Salzwasser zu schützen, ist es, eine elektrische Verbindung mit einem anderen Metall herzustellen, das leichter korrodiert. Das ist das Prinzip der sogenannten Opferanode. Details dazu finden Sie in Kapitel 5.

4 Propeller

Auswahl und Anbau des Propellers

Was ist ein Propeller?

Einfach ausgedrückt bietet der Propeller eine Möglichkeit, mit Motorkraft eine Flüssigkeit zu bewegen. Dazu gibt es auch andere Methoden wie Schaufelrad oder Wasserjet, aber der Propeller ist bei Außenbordern das am weitesten verbreitete System.

Wenn ein rotierender Propeller stationär ist und eine Flüssigkeit in Bewegung setzt, nennt man das eine Pumpe. Kann der Propeller sich bewegen, bezeichnet man ihn als Antriebspropeller. In beiden Fällen verursacht die Drehung des Props die Bewegung der Flüssigkeit. Schiffspropeller werden oft Schrauben genannt, weil ihre Drehbewegung im Wasser sie wie eine Schraube in einem Stück Holz vorwärtsschiebt. Würde man das spiralförmige Gewinde einer Schraube entfernen, so daß sie wie ein Nagel aussieht, bringt eine Drehbewegung keinen Vorschub. Genausowenig funktioniert ein Propeller ohne Flügel; die Flügel sind für die Vorwärtsbewegung ausschlaggebend.

Die wichtigsten Elemente eines Propellers.

A Die Hinterkante des Flügels ist der vom Boot am weitesten entfernte Teil. An dieser Kante verläßt das Wasser den Flügel. Sie verläuft von der Spitze bis zur Nabe (nahe dem Diffusorring bei Nabenauspuff-Props).

B Der Diffusorring reduziert den Abgasgegendruck und den Rückfluß von Abgasen zu den Propellerflügeln.

C Der Auspuffkanal ist der Raum zwischen der äußeren und der inneren Nabe, durch den die Abgase ins Wasser geleitet werden. Die Zeichnung zeigt einen Propeller mit Nabenauspuff.

Was ist ein Propeller?

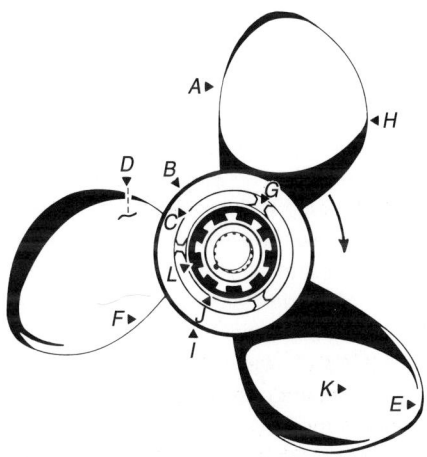

D Die Flügelrückseite ist die dem Boot zugewandte Seite, auch Saug- oder Unterdruckseite genannt.

E Die Flügelspitze ist der von der Nabenmitte am weitesten entfernte Punkt. Dort treffen sich Vorder- und Hinterkante.

F Die Wölbung in der Hinterkante des Flügels läßt den Propeller besser „greifen". Sie erhöht die Steigung um 1/2 bis 1 Zoll (12,7 bis 25,4 mm).

G Rippen sind die Verbindungsstege zwischen innerer und äußerer Nabe. Normalerweise sind es 3, manchmal 2 oder 4. Die Rippen sind entweder parallel zur Welle (gerade) oder zum Flügel (schraubenförmig).

H Die Vorderkante des Props ist die dem Boot nächstgelegene Kante; sie schneidet zuerst durch das Wasser. Sie reicht von der Nabe bis zur Spitze.

I Die äußere Nabe (bei Propellern mit Nabenauspuff) ist der Teil der Nabe, der direkt mit dem Wasser in Kontakt ist. Dort setzen die Flügel an. Die Innenseite wird vom Abgas durchströmt.

J Die innere Nabe enthält die Gummimuffe (Beschreibung unten). Das vordere Ende der Nabe überträgt den Schub des Propellers auf die Welle und damit auf das Boot.

K Die vom Boot weg nach hinten weisende Flügelfläche ist die sogenannte Druckseite des Propellers.

L Die Gummimuffe ist in die innere Nabe eingepreßt. Sie schützt den Antrieb und dämpft den Lastwechselschlag beim Schalten.

4 Propeller

Flügel allein reichen aber nicht. Sie müssen in einem Winkel stehen, um das Wasser nach vorne oder hinten zu bewegen. Diesen Winkel nennt man im Fachjargon „Steigung".
Der drehende Propeller saugt vorne Wasser an, beschleunigt es und stößt es nach hinten. Das Ergebnis nennt man „Schub", weil entsprechend dem Newtonschen Wechselwirkungsgesetz jede Kraftwirkung eine entgegengesetzte Wirkung erzeugt. Wenn also das Boot das Wasser wegstößt, stößt das Wasser das Boot in die Gegenrichtung. Unglücklicherweise gibt es keinen „idealen" Propeller, der unter allen Bedingungen maximalen Schub liefert; deshalb gibt es so viele unterschiedliche Typen für Außenborder. Jedes Modell hat Vorteile bei einer bestimmten Kombination von Umständen; wenn der Außenborder unter ständig wechselnden Einsatzbedingungen benutzt wird, was normalerweise der Fall ist, muß man eine Kompromißlösung akzeptieren. Wer dazu nicht bereit ist, muß für jeden Einsatzzweck einen speziellen Prop montieren; einen für normale Fahrt, einen für Wasserski usw. Die hauptsächlichen Faktoren, die das Verhalten der verschiedenen Propellerkonstruktionen bestimmen, werden im folgenden beschrieben.

Anzahl der Flügel

Außenborderprops haben normalerweise zwei oder drei Flügel. Früher waren Zweiflügelpropeller beliebter, aber heute dominiert der Dreiflügler. Nur kleine Motoren unter 5 PS haben noch Zweiflügler, aus Gründen, zu denen wir gleich kommen werden.
Je größer die Zahl der Flügel, desto größer ist auch die Schub produzierende Fläche des Propellers und damit die Beschleunigung. Gleichzeitig nimmt allerdings mit der Flügelfläche der Widerstand zu; das Boot wird langsamer. Weniger Flügel hingegen bedeuten mehr Vibrationen. Ein Kompromiß muß also gefunden werden, und die meisten Hersteller haben sich für drei Flügel entschieden.
Kleine Außenborder werden meist an Dingis benutzt, die oft mit stark verkrauteten Gewässern fertig werden müssen. Damit der Propeller nicht

Anzahl der Flügel

Highfive, der erste von Mercury auf den Markt gebrachte fünfflügelige Außenborderpropeller, hat seine Stärken speziell beim Wasserskischlepp.

dauernd verdreckt ist, haben sie meistens zwei Flügel, deren Form so ausgelegt ist, daß Seegras oder ähnliches abgleitet, anstatt sich um die Nabe zu wickeln.

In der Praxis beeinflussen viele externe Einflüsse das Propellerdesign und auch die Zahl der Flügel. So hat OMC für „Bass Boats", die in USA sehr beliebten stark motorisierten Binnen-Angelboote, eine Serie vierflügliger Props entwickelt; Mercury und Mariner bieten Fünfflügler an. Diese Spezialprops bringen bei den übermotorisierten Booten bessere Beschleunigung und höhere Endgeschwindigkeit als viele Dreiflügler. Das klingt wie ein Widerspruch zum vorher Gesagten. Mehr Flügel bringen eine bessere Beschleunigung, aber was ist mit der Geschwindigkeit?

4 Propeller

Zweiflüglige Propeller bringen theoretisch mehr Geschwindigkeit als solche mit vier oder fünf Flügeln, weil der Widerstand geringer ist. Der Grund dafür, daß spezielle Vielflügler an stark motorisierten Booten schneller sind, ist die Tatsache, daß diese Art Propeller mehr Auftrieb bringt als normale Dreiflügler.

Der zusätzliche Auftrieb hebt das Boot weiter aus dem Wasser. Dadurch wird die benetzte Fläche des Rumpfes kleiner, der Rumpfwiderstand nimmt ab und die Geschwindigkeit zu. Normalerweise würde das Boot dadurch instabiler werden und sich seitlich aufschaukeln, aber der vielflüglige Prop hat einen so guten „Griff" im Wasser, daß dies hier nicht der Fall ist.

Der zusätzliche Widerstand mehrflügliger Propeller wird also durch den reduzierten Widerstand des höher laufenden Bootes mehr als ausgeglichen, das Boot läuft schneller als eines, das tiefer im Wasser liegt.

Durchmesser

Je größer der Durchmesser eines Propellers, desto größer der Schub, aber auch der Widerstand. Bei Außenbordern ist der Durchmesser durch den Abstand zwischen Welle und Kavitationsplatte begrenzt und kann praktisch nicht verändert werden.

Messen des Propellerdurchmessers.

Messen Sie von der Mitte der Nabe zum äußersten Punkt des Flügels und multiplizieren Sie das Ergebnis mit 2. Der Durchmesser entspricht dem Kreis, den die Flügelspitzen beschreiben.

Steigung

Die Steigung ist die wichtigste Charakteristik eines Propellers. Man kann sie mit der Übersetzung eines Autogetriebes vergleichen. Beim Auto benutzen Sie bei großer Last, also beim Beschleunigen oder an einer Steigung, einen kleinen, beim schnellen Fahren einen großen Gang. Ähnlich beim Boot: Bei schwerer Belastung brauchen Sie eine kleine, für hohe Geschwindigkeit eine große Steigung. Genauso wie ein zu großer Gang beim Bergauffahren den Automotor überfordert, überlastet eine zu große Propellersteigung den Außenborder.

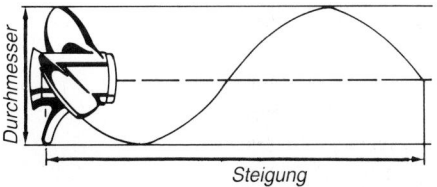

Propellersteigung.

Die Leistung eines Motors hängt von der Maximaldrehzahl bei Vollgas ab. Ein Propeller mit einer geänderten Steigung ändert die Motordrehzahl. Ist die Steigung zu niedrig, überdreht die Maschine bei Vollgas; ist sie zu groß, erreicht der Motor nicht die volle Drehzahl und damit die mögliche Leistung. Es ist daher unbedingt notwendig, daß der Motor mit der vom Hersteller empfohlenen Drehzahl laufen kann. Ist das nicht möglich, ist es nur eine Frage der Zeit, bis technische Probleme bis hin zum Motorschaden auftreten.

Wie kann man das überprüfen? Ganz einfach: Geben Sie Vollgas, warten Sie ab, bis das Boot seine Höchstgeschwindigkeit erreicht hat und lesen Sie die Drehzahl ab. Wenn sie den vom Hersteller angegebenen Höchstwert überschreitet, montieren Sie einen Prop mit größerer Steigung; ist sie niedriger, muß ein flacherer Propeller her. Eine Veränderung der Steigung um ein Zoll (die Steigung wird immer in inches, also Zoll = 2,54 cm angegeben) bringt eine Drehzahländerung von 200 bis 300/min.

4 Propeller

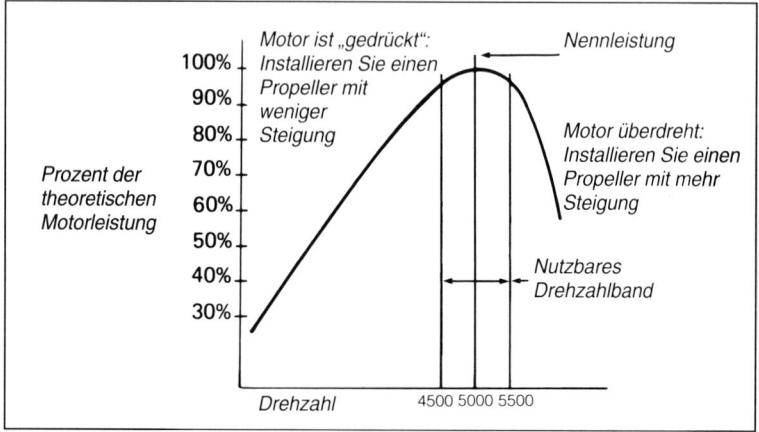

Leistung im Verhältnis zur Vollgasdrehzahl am Beispiel eines typischen Außenborders mittlerer Größe.

Propellerneigung

Die Neigung ist das Maß, um das die Flügel gegen die Senkrechte geneigt sind. Die meisten Props haben eine Neigung von Null; die Flügel stehen senkrecht zur Nabe. Einige Spezialpropeller sind 20 Grad nach hinten geneigt, so daß die Spitzen der Flügel hinter der Nabe liegen. Ein geneigter Propeller hat weniger Probleme mit angesaugter Luft und Kavitation, deshalb kann der Außenborder höher am Spiegel montiert werden, was bessere Fahrleistungen bringt. Propeller an Verdränger haben keine Neigung.

Propellerwölbung

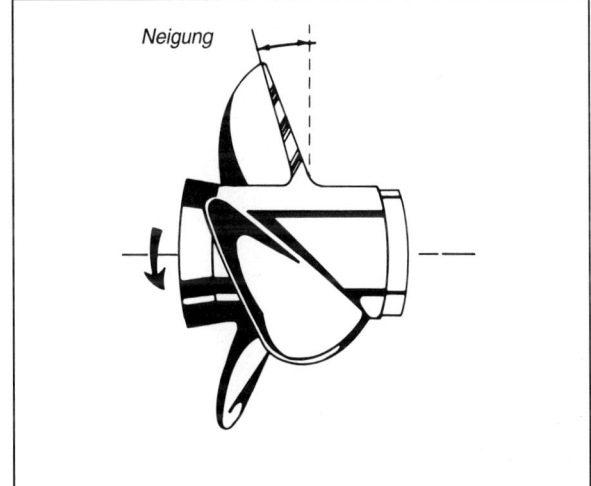

Flügelneigung.

Propellerwölbung

Das ist die Wölbung der Außenkante der Rückseite des Propellers, ähnlich der Wölbung am Rand einer Tasse. Die Wölbung soll dem Propeller einen besseren „Griff" im Wasser verleihen und verringert seine Neigung zum Luftansaugen oder Kavitieren. Dadurch kann der Propeller höher montiert und/oder weiter nach außen getrimmt werden, was den Fahrleistungen zugute kommt. Bei einem langsamen Boot bringt die Wölbung keine Verbesserung.
Die vom Hersteller gelieferten Propeller haben normalerweise schon eine Wölbung. Ein guter Propellerservice kann nachträglich eine Wölbung an einem normalen Prop anbringen, allerdings verändert sich dadurch die Steigung um etwa ein Zoll, und die Drehzahl sinkt um 200 bis 300/min.

4 Propeller

Flügelwölbung oder Cup. Als Cup bezeichnet man die nach außen gerichtete Wölbung am Ende des Propellerblattes.

Die Hinterkante des Propellerflügels ist gewölbt

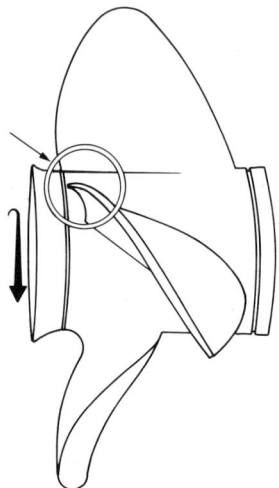

Motorleistung

Leistungsangaben

Die Leistung eines Außenborders kann an verschiedenen Stellen und nach verschiedenen Methoden gemessen werden, und dabei kommen sehr unterschiedliche Werte heraus. Es ist zum Beispiel noch nicht lange her, da hatte ein 40er, also ein Modell, das angeblich 40 PS an der Kurbelwelle haben sollte (ähnlich den alten amerikanischen SAE-PS) dort, wo es darauf ankommt, nämlich an der Propellerwelle, nur 33 PS.
Glücklicherweise werden heute alle Außenborder einheitlich nach der ICOMIA 28 Norm gemessen, und zwar an der Propellerwelle wie nach DIN/ISO. Außerdem liegt die Maximalleistung, wenn nicht anders angegeben, in der Mitte des empfohlenen Drehzahlbandes.

Motordrehzahl

Wir haben bereits erwähnt, daß jede Änderung der Propellersteigung die Vollgasdrehzahl beeinflußt und daß diese innerhalb des vom Hersteller empfohlenen Bereichs liegen muß. Ein üblicher Drehzahlbereich ist 4500 bis 5500/min, aber es können modellabhängig auch 5300 bis 5800/min sein. Beim ersten Beispiel beträgt das Drehzahlband 1000/min, beim zweiten nur 500/min.

Praktisch bedeutet das, daß Sie Propeller wählen können, die entweder 4500/min, 5500/min oder eine beliebige Drehzahl dazwischen erlauben. Jedesmal wird das Boot sich unterschiedlich verhalten. Der Unterschied liegt nicht nur in der Geschwindigkeit oder der Beschleunigung; andere Faktoren wie Lärmentwicklung, Kraftstoffverbrauch und Lebensdauer werden ebenfalls beeinflußt. Ob der obere, mittlere oder untere Bereich des Drehzahlbandes der richtige ist, hängt davon ab, wie Sie das Boot einsetzen wollen.

Für sportlichen Einsatz sollten Sie den Propeller so wählen, daß die Drehzahl bei leichter Beladung in der oberen Hälfte der Bandbreite liegt; damit erreichen Sie eine ordentliche Höchstgeschwindigkeit und gute Beschleunigungswerte. Die Propellerauswahl sollte deshalb bei leichter Beladung erfolgen, weil dann bei höherer Zuladung und sinkender Drehzahl diese wahrscheinlich noch innerhalb des empfohlenen Drehzahlbandes bleibt. Wenn Sie die Drehzahl bei voller Zuladung festlegen, kann der Motor überdrehen, wenn das Boot weniger beladen ist. Dann müssen Sie den Drehzahlmesser beobachten und gegebenenfalls Gas wegnehmen.

Wenn die Maschine bei beladenem Boot das empfohlene Drehzahlband nicht erreicht, muß der Propeller gegen einen mit weniger Steigung ausgewechselt werden, damit die Maschine nicht Schaden nimmt.

Für Wasserski ist eine gute Beschleunigung wichtiger als eine hohe Endgeschwindigkeit. Damit der Außenborder beim Start so viel Kraft wie möglich entwickeln kann, wählt man einen ein bis zwei Zoll flacheren Propeller als normal, was die Drehzahl an die Höchstgrenze bringt. Damit haben Sie einen „unterpropten" Motor und müssen, wenn Sie nicht

4 Propeller

Wasserskifahrer schleppen, sorgfältig den Drehzahlmesser im Auge behalten, um die Maschine nicht zu überdrehen. Die beste Lösung ist es, zwei Propeller zu haben: einen für Wasserski, einen für normales Fahren. Der Austausch dauert nur ein paar Minuten, und Sie sind nicht auf eine Kompromißlösung angewiesen.
Bei Kajütbooten sind niedriger Geräuschpegel, geringer Spritverbrauch und hohe Lebensdauer meist wichtiger als maximale Geschwindigkeits- und Beschleunigungswerte. Man wählt daher einen Prop, dessen Drehzahl eher am unteren Ende des nutzbaren Bandes liegt. Denken Sie aber daran, daß Ihre erste Probefahrt wahrscheinlich nicht voll beladen mit allem Zubehör und der ganzen Familie stattfindet. Ein Propeller, der bei leicht beladenem Boot Drehzahlen in der Mitte des nutzbaren Bandes ergibt, erlaubt dann den nötigen Spielraum nach unten. Sonst erreicht die Drehzahl im tatsächlichen Einsatz nicht die empfohlenen Werte. Dieser „gedrückte" Betriebszustand ist äußerst schädlich für den Motor und kann schnell zu Schäden führen. Beobachten Sie daher den Drehzahlmesser und nehmen Sie Gas weg, bis der richtige Propeller montiert ist.
Arbeitsboote haben ein Einsatzmuster, das sie von allen anderen Booten unterscheidet. Zeitweise fahren sie leer, dann wieder voll beladen – der Unterschied kann Tonnen betragen. Props für Außenborder an Arbeitsbooten müssen daher unbedingt so ausgelegt werden, daß die Drehzahl im voll beladenen Zustand am unteren Ende des nutzbaren Drehzahlbandes liegt. Im leeren Zustand ist das Boot dann „unterpropt", und ohne Gaswegnehmen würde die Maschine überdrehen. Ein Drehzahlmesser ist daher ein Muß, und eine Markierung am Gashebel, die die Höchstdrehzahl in unbeladenem Zustand anzeigt, ist eine nützliche Gedächtnisstütze.
Verdränger – damit sind auch Segelboote gemeint – sollten einen Propeller haben, der die Drehzahl im unteren Bereich hält; hier gilt das gleiche wie bei Kajütbooten.

Propellerschutz

Kleine Außenborder mit konventionellen Propellern sind mit einem Scherstift ausgerüstet, der Nabe und Prop verbindet. Wird der Propeller durch ein Hindernis blockiert, schert der Stift ab und verhindert oder verringert mögliche Schäden an Propeller und Kraftübertragung. Sobald das Hindernis entfernt ist, wird der Scherstift ersetzt, und die Fahrt kann weitergehen.

Bei größeren Außenbordern – etwa ab 5 PS aufwärts je nach Hersteller – und Modellen mit Nabenauspuff entfällt der Scherstift zugunsten einer Gummimuffe, die als Rutschkupplung wirkt. Unter normalen Verhältnissen überträgt sie die Antriebskraft der Welle auf den Prop, sobald aber der Propeller blockiert wird, rutscht sie durch und verhindert so Beschädigungen. Wenn der Prop wieder frei drehen kann, greift auch die Rutschkupplung wieder.

Der Vorteil dieser Lösung liegt darin, daß man keinen Scherstift ersetzen muß, um weiterfahren zu können. Nachteilig ist dagegen, daß die Rutschkupplung, sobald sie einmal in Aktion war, möglicherweise später bei großer Last, zum Beispiel bei Vollgas, wieder durchrutschen wird. Dann muß der Propeller zum Spezialisten, der eine neue Gummimuffe einpressen kann.

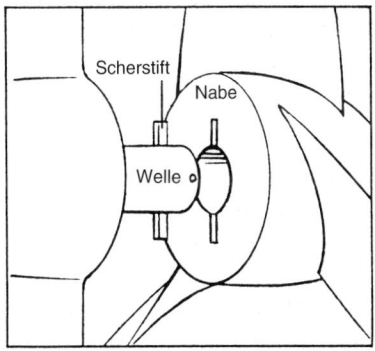

Die Sollbruchstelle. Der Scherstift verbindet Antriebswelle und Propeller. Er besteht aus einem weichen Material und bricht weg beim Auftreffen auf ein Unterwasserhindernis.

4 Propeller

Propellertypen

Konventionelle Props

Nicht ohne Grund wird dieser Propellertyp bei kleinen Außenbordern (bis 5 PS) für Freizeitboote und bei kommerziellen Typen bis 40 PS eingesetzt. Der Vorteil gegenüber den Versionen mit Nabenauspuff liegt darin, daß dieser Typ billiger in der Herstellung und leichter zu reparieren ist und einen besseren Rückwärtsschub liefert. Letzteres ist bei Verdrängern wegen des Bremseffekts besonders wichtig.
Ein Nachteil ist, daß der Auspuff nahe an der Wasseroberfläche liegt. Wird der Motor zu hoch angebracht, entweichen die Abgase ohne Schalldämpfung direkt in die Luft.

Nabenauspuff

Beim Nabenauspuff ist gewährleistet, daß, solange der Propeller unter Wasser ist, auch die Abgase unter der Oberfläche bleiben. Der einzige Nachteil dieses Typs ist, daß die Abgase von den Propellerflügeln ferngehalten werden müssen.
Im Vorwärtsgang besorgt das ein Diffusorring hinten an der Nabe. Wenn der Ring verlorengeht oder beschädigt wird, was beim unvorsichtigen Entfernen der Propellermutter gelegentlich passiert, werden Abgase in den Propeller gesaugt und verringern den Schub.
Das gleiche Problem entsteht auch bei Rückwärtsfahrt, wo ebenfalls Abgase in den Propeller gelangen. Bei Gleitern mag das noch akzeptabel sein; bei Verdrängern, die auf einen kräftigen Rückwärtsschub angewiesen sind, um den schweren Rumpf zum Stillstand zu bringen, kann es Schwierigkeiten geben. Doch es gibt Wege, dieses Problem zu umgehen; wir kommen auf das Thema gleich zurück.
Einige sehr schnelle Boote haben konventionelle Propeller, kombiniert mit einem Unterwasserteil mit Nabenauspuff. Das hört sich merkwürdig

Verstellpropeller

Ein dreiflügeliger Propeller mit Nabenauspuff, heute weitgehend der „Standard"-Außenborderprop.

an und ist damit zu erklären, daß die speziellen Rennpropeller so hoch angebracht sind, daß sie zum Teil über der Wasseroberfläche drehen.

Verstellpropeller

Bei großen Schiffen sind sie die Regel, bei Außenbordern gibt es Verstellpropeller – bei ihnen kann man die Steigung verändern, ohne den Propeller zu wechseln – weder serienmäßig noch auf Sonderwunsch. Ein echter Verstellpropeller bringt große Vorteile, weil er während der Fahrt verstellt werden kann, so daß die Steigung der jeweiligen Situation angepaßt werden kann. Die Verstellung erfolgt vom Fahrstand aus. Leider gibt es so etwas bisher nur für Innenborder und einen speziellen Z-Antrieb.
Solange das so ist, bleibt als Möglichkeit, die dem Verstellpropeller nahekommt, der verstellbare Propeller, bei dem die Steigung nur im Stillstand

zu ändern ist. Wenn Sie Wasserski fahren wollen, kann die Steigung zugunsten besserer Beschleunigung verringert werden, danach können Sie wieder die Normalstellung wählen. Wenn das Boot einmal leichter als üblich beladen ist, wird die Steigung erhöht, damit die Drehzahl im optimalen Bereich bleibt und das Boot schneller wird. Ein Pionier auf diesem Gebiet ist die Firma Technomarine. Ein zusätzlicher Bonus beim verstellbaren Prop ist, daß die separaten Flügel bei Beschädigungen einzeln ausgetauscht werden können.

Hoher Rückwärtsschub

Es wurde schon erwähnt, daß ein prinzipieller Nachteil des Nabenauspuffs die schlechte Wirkung im Rückwärtsgang ist. Bei Vorausfahrt läßt der Propeller die Auspuffgase hinter sich, im Rückwärtsgang läuft er zwangsläufig im eigenen Abgas und verliert an Schubkraft.
Bei einem Gleiter ist das kein Problem, weil beim Gaswegnehmen das Boot die Gleitfahrt verläßt und sich im Wasser abbremst. Ein Verdrängerrumpf ist schwerer und besitzt deshalb mehr Bewegungsenergie; wird das Gas weggenommen, dauert es eine ganze Weile, bis das Boot langsamer wird. Der Motor muß also im Rückwärtsgang mithelfen. Der „Dualthrust"-Propeller von Yamaha wurde speziell zur Lösung dieses Problems konstruiert. Er ist ausschließlich für langsame Verdränger bestimmt, und die Flügelform ist auf niedrige Geschwindigkeiten im Vorwärts- wie im Rückwärtsgang hin optimiert. Die Abgase werden im Vorwärtsgang ganz normal durch die Nabe geleitet; im Rückwärtsgang gelangen sie auf einem Umweg am Propeller vorbei ins Wasser.
Eine Möglichkeit, den Propeller so zu modifizieren, daß die Rückwärtsleistung verbessert wird, ist der Finze-Schubverstärker-Bausatz. Hier wird im Rückwärtsgang der Nabenauspuff verschlossen; die Abgase strömen zwischen Prop und Unterwasserteil aus, ohne in die Propellerflügel zu geraten. Dadurch erhalten Sie vollen Rückwärtsschub, ohne einen neuen Prop anschaffen zu müssen.

Der Yamaha Dualthrust-Propeller. Die Abgase werden im Rückwärtsgang nach vorne ausgestoßen, um Schubverluste beim Manövrieren zu verhindern.

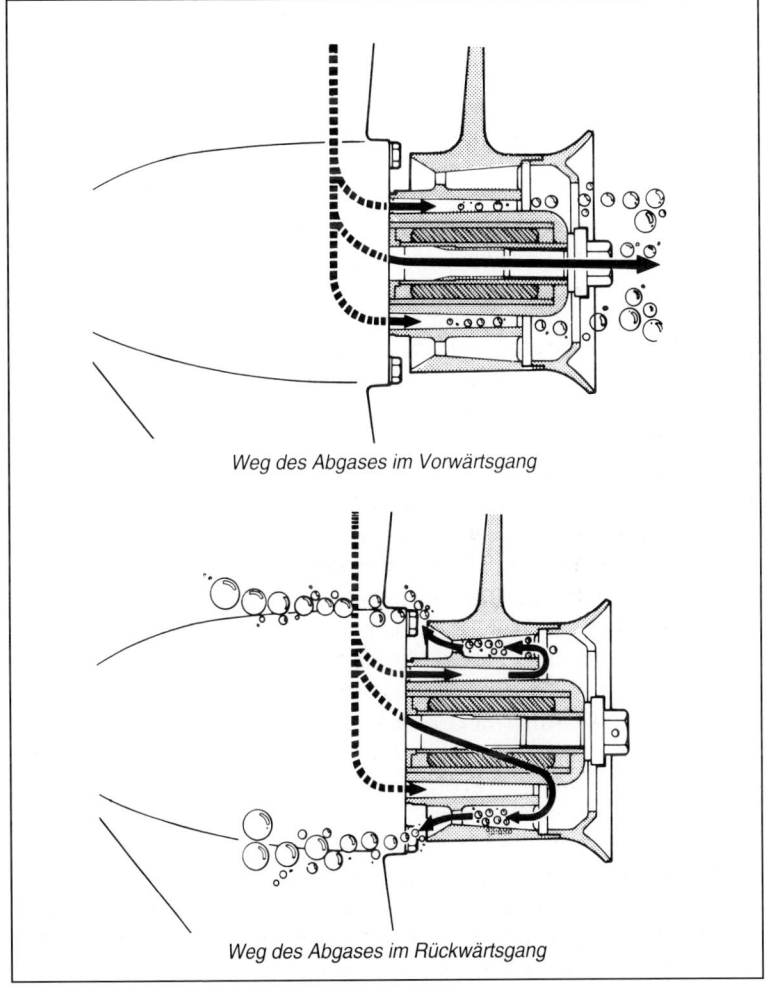

Weg des Abgases im Vorwärtsgang

Weg des Abgases im Rückwärtsgang

4 Propeller

Werkstoffe

Aluminium

Das meistverwendete Material für Propeller ist Aluminium; sie werden normalerweise im Druckgußverfahren hergestellt und vor dem Lackieren von Hand nachbearbeitet. Aluminiumprops sind für alltäglichen Gebrauch gut geeignet, und sie können von jedem Propellerspezialisten gut repariert werden – sogar ganze Flügel können ersetzt werden. Ein Spezialist kann auch die Steigung der Flügel ändern, allerdings nur um ein bis zwei Zoll, ansonsten muß ein neuer Propeller her.
Da das Material nicht so fest ist wie zum Beispiel Stahl, haben Aluminiumprops relativ dicke Flügelprofile, was ihren Wirkungsgrad geringfügig beeinträchtigt.

Kunststoff

Kunststoffpropeller werden schon lange bei Torpedos verwendet. In den 70er Jahren wurden sie auch bei Außenbordern bis 20 PS eingeführt, sind aber nicht sehr populär geworden. Heute haben die meisten der ganz kleinen Außenborder Plastikprops; auf Sonderwunsch gibt es sie bis etwa 6 PS. Ihr Hauptvorteil ist die Korrosionsfestigkeit, außerdem brechen sie weniger leicht. Sie sind jedoch kaum billiger als Aluprops, und daher gibt es kaum einen Grund zu wechseln.

Edelstahl

Bei Innenbordern wird immer noch viel Bronze verwendet; bei den Außenbordern wurde sie inzwischen von Edelstahl als dem Material der Wahl für Hochleistungspropeller abgelöst. Die überlegene Festigkeit und Formbarkeit des rostfreien Edelstahls erlaubt den Konstrukteuren For-

men und Flügelprofile, die die Propellertechnologie revolutioniert haben. Einige Stahlsorten sind fünfmal fester als Aluminium, was extrem dünne Flügel ermöglicht.
Edelstahlprops leisten daher mehr als solche aus Aluminium. Der einzige wirkliche Nachteil ist – außer dem höheren Gewicht – der Preis; sie können bis zu dreimal soviel kosten wie Aluminiumpropeller!
Ironischerweise kann der korrosionsfeste Edelstahlprop für verstärkte Korrosion an den Aluminiumteilen des Antriebs sorgen. Eignern, die Edelstahlprops in verschmutzten oder salzhaltigen Gewässern benutzen, ist daher ein verbesserter Korrosionsschutz zu empfehlen.

Propellerprobleme

Karmann-Wirbel

Das ist die Bezeichnung für Vibrationen der Propellerflügel, die bei bestimmten Geschwindigkeiten als singendes Geräusch zu hören sind. Diese Erscheinung ist nicht selten und besonders oft auf großen Schiffen hörbar.
Ursache sind Verwirbelungen auf der Rückseite des Propellerflügels. Wenn das Profil der Flügelkante zu rund ist, werden Wirbel erzeugt, die den Flügel zum Schwingen bringen. Abhilfe schafft man, indem man mit einer Feile die Hinterkante der Flügel an der vorderen (Zug-)Seite im 45-Grad-Winkel anschrägt (das sollte man aber unbedingt den Fachmann machen lassen).

Kavitation

Dieser Begriff wird oft fälschlicherweise für Ventilation benutzt, das Ansaugen von Luft, das im nächsten Abschnitt beschrieben wird. Bekannt-

4 Propeller

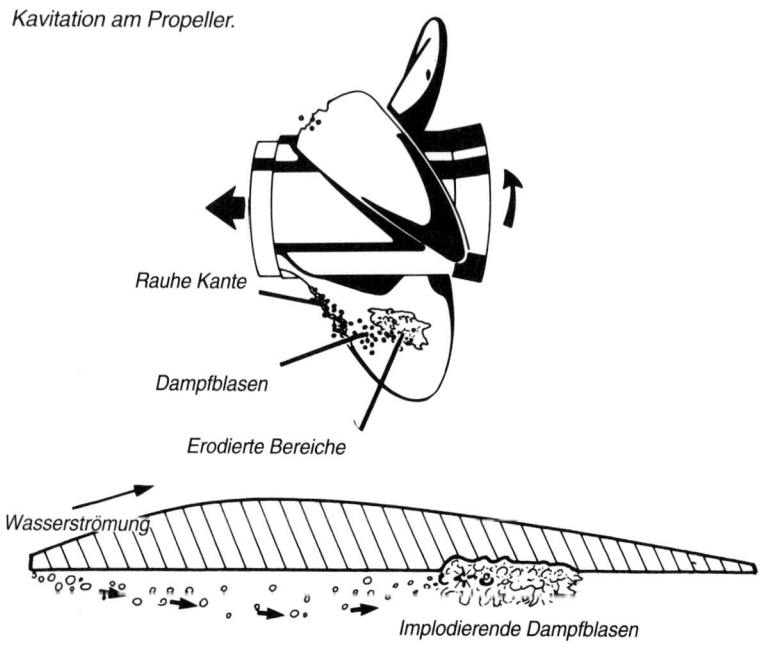

Kavitation am Propeller.

Rauhe Kante

Dampfblasen

Erodierte Bereiche

Wasserströmung

Implodierende Dampfblasen

lich geht Wasser bei normalem atmosphärischem Druck bei 100 Grad in den gasförmigen Zustand über. Ist der Druck geringer, verdampft es bereits bei weit niedrigeren Temperaturen. Ein in Wasser – besonders in warmem – drehender Propeller kann so hohe Druckunterschiede aufbauen, daß genau das passiert: Aus flüssigem Wasser werden Dampfblasen.

Wenn der Druck nachläßt, verwandelt sich der Dampf wieder in den flüssigen Zustand; die Blase kollabiert zu Wasser. Dieser scheinbar harmlose Vorgang läuft so vehement ab, daß die kleinen Implosionen Material aus der Propelleroberfläche heraussprengen können. Erosion durch Kavitation kann so viel Material abtragen, daß der geschwächte Propellerflügel abbricht.

Glücklicherweise läßt sich leicht feststellen, ob an einem Außenborder Kavitation auftritt. Schäden an der lackierten Oberfläche des Propellers warnen rechtzeitig, bevor Erosionsschäden auftreten können. Die häufigsten Angriffspunkte für Kavitationserosion sind die Vorderseite des Propellers, dort, wo der Flügel an der Nabe sitzt, und die Mitte der Flügelrückseite.
Erosion an der Flügelwurzel tritt auf, wenn das Unterwasserteil zu weit nach innen zum Spiegel hin getrimmt ist. Die Abhilfe ist einfach: Trimmen Sie den Motor mit dem Trimmstift weiter nach außen.
Erosion in der Flügelmitte kann verschiedene Ursachen haben. Entweder ist die Flügelkante beschädigt, oder der Motor ist zu weit nach außen getrimmt, oder aber der Bootsboden vor dem Motor erzeugt Turbulenzen, die zum Kavitieren des Propellers führen.

Ventilation

Sie kommt dann vor, wenn der Propeller von der Oberfläche oder vom Auspuff Luft ansaugt.
Bei Gleitern entsteht Ventilation oft dadurch, daß der Außenborder zu hoch angebracht ist, und tritt besonders in scharfen Kurven auf. Der Propeller verliert dabei den „Griff" im Wasser. Gelegentlich kann sich eine regelrechte Blase bilden, die den Propeller umschließt; wenn das passiert, dreht der Motor plötzlich höher, weil keine Last mehr auf dem Prop ist. Dann hilft nur noch der Griff zum Gashebel: Gas weg, bis die Blase sich aufgelöst hat, und erst dann langsam wieder die Drehzahl erhöhen. Tritt dieser Effekt immer wieder auf, kann man es mit einem speziell für hohe Anbringung konstruierten Prop versuchen. Wenn das nicht hilft, muß der Motor tiefer gesetzt werden.
Eine weitere Ursache für Ventilation ist Abgas, das in den Propeller gesaugt wird. Häufig ist dann der Diffusorring an der Nabe beschädigt oder verlorengegangen. Auch durch Undichtigkeiten zwischen Unterwasserteil und Prop austretendes Abgas kann zur Ventilation führen.

4 Propeller

Testen der Installation

Die Wahl des richtigen Propellers ist der wichtigste Teil der Installation eines Außenborders. Daher sollte man sie als letztes treffen, wenn alle anderen Dinge erledigt sind. Selbst wenn alle anderen Arbeiten perfekt ausgeführt worden sind, führt eine falsche Propellerwahl unweigerlich zu enttäuschenden Ergebnissen und möglicherweise zu mechanischen Schäden.

Bei Gleitbooten sollte man nach provisorischer Installation des Motors Testfahrten machen*, um die richtige Höhe, Propellersteigung und Trimmflossenposition zu finden. Beginnen Sie mit dem serienmäßigen Propeller oder einem nach der Propellertabelle des Herstellers passenden Typ.

Überzeugen Sie sich, daß alle Sicherheitseinrichtungen an Bord und in gutem Zustand sind und prüfen Sie Kraftstoff- und Ölvorrat (wenn der Motor neu ist, im richtigen Mischungsverhältnis für die Einfahrzeit). Stellen Sie den Trimmbolzen so ein, daß die Kavitationsplatte parallel zum Bootsboden steht. Suchen Sie eine freie Wasserfläche und bringen Sie den Motor auf Vollgas. Überdrehen Sie den Motor nicht, nehmen Sie gegebenenfalls sofort Gas weg. Testen Sie mit ein paar mäßig scharfen Kurven in beide Richtungen, ob Ventilation auftritt. Wenn nicht, heben Sie den Motor 2,5 cm oder um eine Bohrung der Halterung an und passen Sie wieder auf die Drehzahl auf. Schieben Sie wenn nötig ein Stück Holz zwischen Spiegel und Klemmhalterung und montieren Sie den Außenborder schrittweise immer höher, bis der Propeller beginnt, Luft zu ziehen. Nun können Sie den Motor einen Schritt tiefer mit den Spiegelschrauben fest montieren. Der Motor sitzt nun so hoch wie möglich am Boot.

Liegt die Drehzahl bei Vollgas innerhalb der empfohlenen Bandbreite (siehe unter „Drehzahl"), ist die Installation abgeschlossen. Liegt sie außerhalb der Herstellerangaben, müssen Sie aus der Propellertabelle

---

* Leider wird man das nur bei den wenigsten Händlern durchsetzen können. (Bearbeiter)

einen Prop mit anderer Steigung aussuchen: mehr Steigung, wenn die Drehzahl sinken soll; weniger Steigung, wenn der Motor nicht hoch genug dreht. Eine Änderung von einem Zoll bringt etwa 200 bis 300/min. Eine Wölbung der Propellerkante wirkt wie ein Zoll Steigung und senkt die Drehzahl ebenfalls um 200 bis 300/min.
Wenn der Propeller bereits bei der „Anfangshöhe" ventiliert, sollten Sie Ihren Händler nach Spezialpropellern fragen.
Haben Sie den richtigen Propeller gefunden, kaufen Sie einen zweiten und nehmen ihn als Ersatz an Bord. Wird das Boot für unterschiedliche Zwecke eingesetzt, beispielsweise zum gelegentlichen Wasserskifahren, kann der Ersatzprop eine andere Steigung haben. Dann verfügen Sie über zwei unterschiedliche Props, einen für starke, einen für leichte Belastung.
Bei Testfahrten mit Verdrängern geht es hauptsächlich um die Propellerauswahl; der Motor sollte ohnehin so tief wie ohne „Absaufen" möglich montiert sein. Fahren Sie Vollgas und beachten Sie die Drehzahl. Probieren Sie auch den Rückwärtsgang und einige „Notbremsungen". Suchen Sie nach der Propellertabelle den Typ aus, mit dem Sie der Nenndrehzahl am nächsten kommen. Tritt im Rückwärtsgang Ventilation durch Abgase auf, probieren Sie eines der Segel-Modelle aus, die im Rückwärtsgang die Abgase vom Propeller fernhalten.
Ist der Motor einmal richtig eingefahren und mit dem richtigen Propeller bestückt, machen Sie einen letzten Test und prüfen, ob die Vollgasdrehzahl noch stimmt. Die Bootsgeschwindigkeit sollte gleich oder höher sein als beim ursprünglichen Test. Wenn inzwischen viel Zeit vergangen ist, sollten Sie allerdings nachsehen, ob der Bootsboden noch sauber ist und keinen Bewuchs zeigt.

5 Die Wartung Ihres Außenborders

Übernahmeinspektion

In einer perfekten Welt wäre dieser Abschnitt überflüssig, denn es ist Aufgabe des Händlers, den Motor vor der Auslieferung einer Inspektion und Wartung zu unterziehen. Die Inspektion kann allerdings aus irgendwelchen Gründen ausfallen, so daß Sie selbst diese Arbeit übernehmen müssen.

Alle Hersteller prüfen jeden Motor, der vom Band kommt, im Testtank, größere Motoren sogar mit einem Test- oder Belastungspropeller. Der Motor wird gestartet und die Hauptfunktionen – Gashebel und Choke, Wasserkreislauf, Schaltung usw. – überprüft. Außerdem werden Vergaser und Zündzeitpunkt eingestellt.

Zuletzt wird die Drehzahl bei Vollgas gemessen, um zu überprüfen, ob die angegebene Leitung erreicht wird. Besteht der Motor diesen Test, wird Rostschutz durch den Vergaser in den Motor gespritzt. Der Testpropeller wird entfernt und der Kraftstoff aus dem Vergaser abgelassen. Über die Schwungscheibe kommt eine Schutzpolsterung und ein vorgeformtes Styroporteil, bevor die Haube aufgesetzt wird. Dann wird der Motor zusammen mit dem Handbuch, dem Tank, den Spiegelschrauben usw. für den Versand verpackt.

Einfahren

Beim Händler kommt der Motor erst einmal auf Lager, oder er geht direkt an den Kunden. Wie auch immer, der Händler sollte in jedem Fall eine Inspektion machen und folgende Punkte beachten:
1. Überprüfen des Motors auf Transportschäden.
2. Prüfen, ob alle Zubehörteile vorhanden sind.
3. Entfernen von Verpackung und Transportsicherungen.
4. Prüfen des Ölstands im Getriebegehäuse.
5. Starten der Maschine in einem Testtank, um Lageröl und Rostschutz aus dem Motor zu enfernen.
6. Prüfen, ob Vergaser und Zündung richtig eingestellt sind.
7. Einstellen bzw. Nachstellen aller anderen Funktionen (Lenkreibung, Gasgriff).

Wie wichtig eine solche Inspektion ist, erklärt sich von selbst, und wenn der Händler sie aus irgendeinem Grund nicht gemacht hat, muß sie in jedem Fall vor dem ersten Gebrauch des Motors durchgeführt werden.

Einfahren

Das Einfahren eines Außenborders dauert nicht lange; normalerweise reichen je nach Modell 10 bis 20 Stunden aus. Während des Einfahrens kommt es darauf an, daß die Maschine nicht längere Zeit mit der gleichen Drehzahl, ob hoch oder niedrig, gefahren wird.

Mit Vollgas sollte nicht zu oft gefahren werden; ein gelegentlicher Sprint ist allerdings gut für den Motor. Kurze Vollgasfahrten für Propellertests schaden nicht. Ich habe mehr Motoren gesehen, die durch übervorsichtigen Betrieb Schaden genommen haben als dadurch, daß sie schlecht oder gar nicht eingefahren wurden.

Während der Einfahrzeit sollten Zweitakter den doppelten Ölanteil erhalten. Bei Motoren, die mit Gemisch arbeiten, verdoppeln Sie einfach die Dosis, bei Außenbordern mit automatischer Ölbeimischung füllen Sie den Tank mit 50:1-Gemisch anstelle von purem Benzin.

Jeder Hersteller gibt in der Betriebsanleitung genaue Empfehlungen zum Einfahrbetrieb, und man sollte sich daran halten.

Kraft- und Schmierstoffe

Kraftstoff

Ob Sie Normal- oder Superbenzin verwenden müssen, hängt von der Konstruktion des Motors und der Vergaser- und Zündungseinstellung ab. Ist der Motor für Super ausgelegt, kann er vom Händler oder vom Importeur auf Betrieb mit Normalbenzin umgerüstet werden, allerdings gehen einige PS verloren. Ist der Motor für Normalbenzin gebaut, bringt Superbenzin gar nichts außer höheren Kosten.
Die Benzinqualität wechselt von Land zu Land, und wenn Sie Ihren Außenborder ins Ausland mitnehmen und zu Hause Normalbenzin verwenden, kann es sein, daß Sie am Urlaubsort Super brauchen. In manchen Fahrgebieten müssen Sie möglicherweise den Motor sogar drosseln, damit er mit dem schlechten Sprit zurechtkommt.
Viel Verwirrung herrscht darüber, ob Außenborder problemlos mit bleifreiem Benzin laufen. Bei einigen Viertaktern kann bleifreies Benzin tatsächlich Schäden verursachen, weil die Ventile im Ventilsitz festbrennen können. Viertakt-Außenborder haben jedoch gehärtete Ventilsitze, bei denen das nicht möglich ist. Bei Zweitaktern kann ohnehin nichts passieren, weil die keine Ventile haben.
Trotzdem kann bleifreies Benzin bei einigen älteren Außenbordern zu Problemen führen. Blei verbessert die Benzinqualität, und einige Benzinfirmen verwenden bei bleifreien Kraftstoffen Zusätze wie beispielsweise Alkohol, um das fehlende Blei zu ersetzen. Diese sogenannten Additive sind hier die Übeltäter: Sie können Plastikteile von Außenbordern, die aus Vor-Bleifrei-Zeiten stammen, auflösen. Die verwendeten Additive sind ebenfalls von Land zu Land verschieden; sicherheitshalber sollte man diese Motoren nur mit verbleitem Benzin betreiben.
Die Importeure können genaue Auskunft geben, welcher Außenborder welche Art von Benzin braucht.

Motoröl

Die heutigen Zweitakt-Außenborder sind in ihrer Technik Welten entfernt von ihren stinkenden, rauchenden und öltriefenden Ahnen, aber der schlechte Ruf ist bei vielen Uneingeweihten hängengeblieben. Eine der Entwicklungen, die den modernen Zweitakt-Außenborder ermöglicht hat, ist der enorme Fortschritt bei der Motorschmierung.

Früher war die für alle Betriebszustände ausreichende Versorgung des Motors mit Schmierstoffen eine riskante Sache, deshalb ging man nach dem Motto „Viel hilft viel" vor und mischte soviel Öl bei, daß alle Schmierstellen mit Sicherheit genügend Öl bekamen; der nicht benötigte Rest verölte dann natürlich die Kerzen, hinterließ einen Ölfilm auf dem Wasser oder verließ den Motor durch den Auspuff in Form von halbverbranntem blauem Rauch.

Die moderne Methode, die den Motor jeweils mit gerade genügend erstklassigem Schmierstoff versorgt, führt sogar unverbrauchtes Öl in den Kreislauf zurück. Während der 70er Jahre wurde, als Reaktion auf das zunehmende Umweltbewußtsein in den USA und Deutschland, in Forschung und Entwicklung viel getan, um Verbrennungsmotoren zu verbessern und ihre Emissionen zu verringern.

Ursprünglich betrug das Mischungsverhältnis von Benzin und Öl 10:1, während des Zweiten Weltkriegs ging man auf 15:1. In den 50ern waren es dann 25:1, und dabei blieb es bis Mitte der 60er Jahre, als die Hersteller einer nach dem anderen zum heutigen Standard von 50:1 übergingen.

Konstruktive Verbesserungen an vielen Details der Motoren und qualitativ hochwertige Schmierstoffe haben es den Herstellern ermöglicht, das Gemisch nochmals von 50:1 auf ein Mischungsverhältnis von 100:1 abzumagern, das Yamaha 1977 zuerst einführte. Inzwischen sind mit automatischer Öleinspritzung sogar 200:1 machbar.

Die Haupteigenschaften eines guten Außenborderöls sind:

Es sollte
- sich gut mit Benzin vermischen
- vor Korrosion schützen
- biologisch abbaubar sein
- sich zur Einspritzung eignen

Es sollte keinesfalls
- den Auspuff verstopfen
- die Kerzen verölen
- Rückstände im Verbrennungsraum hinterlassen
- zu Kolbenklemmern führen

Alle Außenborderöle wollen die genannten Kriterien erfüllen; bei einigen gelingt das besser als bei anderen. Um leichter feststellen zu können, welche Sorten diese Eigenschaften haben, hat die BIA (Boating Industry of America) schon vor vielen Jahren Normen und Testverfahren festgelegt, die ein Öl erfüllen muß, um von der BIA empfohlen zu werden. Diese Aufgabe hat inzwischen die NMMA (National Marine Manufacturers Association, die Vereinigung der US-Hersteller von Booten und Zubehör) übernommen, die heute bei der Zulassung von Außenborderölen führend ist.

Die niedrigste Norm TC2 garantiert ein Öl mit geringen Verbrennungsrückständen, das für luftgekühlte und kleine Außenborder bis 10 PS geeignet ist. Die wichtigere Norm TC-W gilt für wassergekühlte Motoren mit einem Mischungsverhältnis von mindestens 50:1. Die TC-W-Norm entsprach dem technischen Entwicklungsstand und war ein Maßstab für den Vergleich neu entwickelter Spezialöle.

Mit der Einführung der Öleinspritzpumpen während der 80er Jahre wurde es nötig, eine zusätzliche Anforderung zu stellen. Außenborderöle mußten eine Viskosität haben, die sie für die Einspritzung geeignet macht, eine Eigenschaft, die zuvor nur bei Viertaktern gefragt war. 1988 einigten sich die Hersteller darauf, die TC-W-Norm durch eine neue Spezifikation mit der Bezeichnung TC-W II zu ersetzen. TC-W II entsprach den Anforderungen des modernen Außenborders nicht nur bezüglich der

Einspritzbarkeit, sondern auch im Hinblick auf höhere Leistung, magerere Gemische und bleifreie Kraftstoffe.
Parallel zu den Anstrengungen der Motorindustrie, ihre Produkte umweltverträglicher zu machen, entwickelte die petrochemische Industrie qualitativ hochwertige synthetische Schmierstoffe. Da sie nicht aus mineralischen Grundstoffen bestehen, sind sie für Mikroorganismen viel besser verdaulich als Mineralölprodukte und können daher als biologisch abbaubar bezeichnet werden.
Um mit der Weiterentwicklung bei den Schmierstoffen Schritt zu halten, bereiten europäische und amerikanische Institute eine Vereinfachung der bestehenden Standards auf zwei neue Normen vor:
ISO-L-ETD (TCS-4)   Außenborder-Öle (soll NMMA TC-W II ablösen)
ISO-L-ETE (TCS-5)   Biologisch abbaubare Zweitaktöle
Beide Normen enthalten die Eignung für Öl-Einspritzsysteme.

Getriebeöl

Die Zahnräder im Unterwasserteil des Außenborders benötigen ein qualitativ hochwertiges Getriebeöl, das normalerweise auf der für extreme Drücke geeigneten EP-90-Serie basiert.
Ein Getriebebölwechsel ist eine schmutzige Sache, für die man eigentlich drei Hände braucht. Um das Öl abzulassemn stellen Sie eine Auffangschale unter das Unterwasserteil – und vergessen Sie nicht, daß das Öl das Gehäuse entlang zum unteren Ende laufen und von der Kielflosse abtropfen wird. Entfernen Sie zuerst die untere, dann die obere Schraube und lassen Sie das Öl auslaufen.
Zum Einfüllen frischen Öls müssen Sie das Öl in das Getriebegehäuse hineindrücken, deshalb ist das Getriebeöl in Tuben und nicht in Dosen verpackt. Das Öl sollte durch die untere Bohrung gepumpt werden, bis es aus der oberen Öffnung überläuft; möglicherweise brauchen Sie je nach Größe des Unterwasserteils mehr als eine Tube. Sobald das Öl überläuft, setzen Sie die obere Schraube wieder ein. Dann nehmen Sie die Tube aus dem unteren Loch und halten es mit dem Finger zu, legen

5 Die Wartung Ihres Außenborders

Nachfüllen von Getriebeöl in das Unterwasserteil:
Drücken Sie das Öl aus der Tube, bis es aus der oberen Öffnung überläuft.

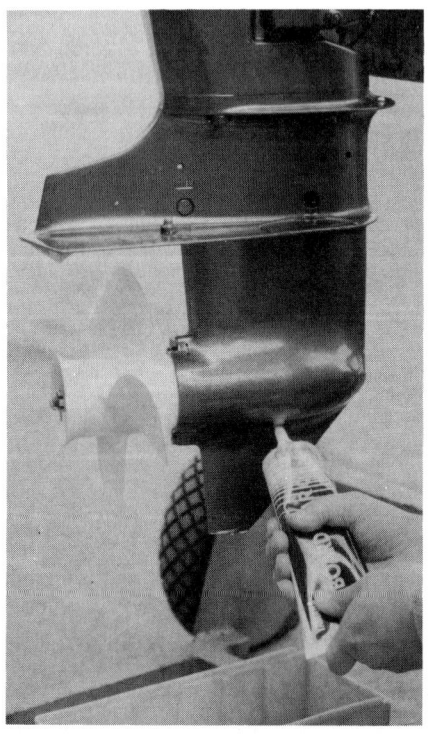

die Tube weg – nicht auf die Seite, falls noch etwas drin ist –, nehmen die zweite Schraube und schließen flink das untere Loch. Beide Schrauben fest anziehen. Die Servicewerkstätten haben spezielle Pumpen, die den Job wesentlich erleichtern.

Schmierfette

Unter keinen Umständen dürfen graphithaltige Schmierfette an oder in der Nähe von Außenbordern verwendet werden. Sonst sind die Opferanoden sehr schnell verbraucht, und die Aluminiumteile korrodieren rapide. Alle Hersteller liefern passende Schmierfette, und man sollte ihren Empfehlungen folgen.

Der Betrieb Ihres Außenborders

Der Check vor dem Start

Straßenfahrzeuge machen das Leben sehr einfach: Sie setzen sich hinein, starten und fahren los. Gut, man sollte Öl, Wasser usw. nachsehen, aber kaum jemand tut das. Wenn etwas schiefgeht, müssen Sie lediglich an der nächsten Telefonzelle anhalten und den Pannenservice anrufen. Das andere Extrem ist beim Flugzeug die Regel, wo vor jedem Start eine lange Checkliste durchgegangen und das Fluggerät genau inspiziert wird. Ein Boot fällt nicht vom Himmel, wenn die Maschine verreckt, aber Sie können auch nicht rechts ranfahren und den Service anrufen. Bevor Sie mit dem Boot aufs Wasser gehen, sollten Sie deshalb eine Checkprozedur einhalten, die irgendwo zwischen den beim Auto und beim Flugzeug üblichen angesiedelt ist.

Der tägliche Check sollte mit einer allgemeinen Sichtkontrolle des Bootes beginnen. Gehen Sie um das Boot herum: Liegen irgendwelche losen Teile herum? Hat sich jemand über Nacht am Boot zu schaffen gemacht? Ist der Propeller beschädigt? Sind die Anschlüsse des Außenborders und der Lenkung lose? Haben sich die Montage- oder Klemmschrauben gelockert? Ist die Sorgleine befestigt? Ist der Trimmstift in seiner üblichen Stellung? Liegt das Boot gerade im Wasser? Krängt es oder liegt es tiefer als üblich? Kurz gesagt, sieht alles „richtig" aus?

Nun schauen Sie im Boot nach. Ist die Sicherheitsausrüstung (Anhang A) an Bord? Prüfen Sie, ob genug Benzin und Öl da ist, einschließlich einer Reserve von 15 % für die geplante Strecke. Bei Viertaktern prüfen Sie den Ölstand. Ist das Starterseil ausgefranst? Starten Sie den Motor und prüfen Sie, ob Kühlwasser aus der Kontrollöffnung kommt.

Safety first

Machen Sie es sich zur Gewohnheit, die Klemmschrauben vor jedem Anlassen festzuziehen; sie lockern sich gerne, und dann geht Ihnen in der nächsten scharfen Kurve der Motor über die Kante. Verhindern kann man das durch Montage eines speziellen Außenborder-Schlosses, das auch als Diebstahlssicherung dient. Selbst dann sollten Sie immer wieder prüfen, ob die Schrauben fest sind. Im Laufe der Zeit kann nämlich des Material des Spiegels nachgeben. Auch die Befestigungsschrauben bei fest montierten Motoren sollten regelmäßig überprüft werden. Als nächstes überprüfen Sie die Sorgleine oder die Kette, die den Außenborder daran hindern soll, über Bord zu gehen, falls sich die Halterung löst. Seit etlichen Jahren haben Außenborder über 5 PS eine Sperre, die das Anlassen bei eingelegtem Gang verhindert. Die meisten Sperren arbeiten mit einem Kabelzug, der immer gut eingefettet und richtig justiert sein muß. Vergewissern Sie sich vor jedem Anlassen, daß die Schaltung im Leerlauf steht.
Die meisten Außenborder haben eine einstellbare Sperre, die verhindern soll, daß im Rückwärtsgang zu viel Gas gegeben wird. Prüfen oder justieren Sie auch diese.
Eine der besten Methoden, nicht von einer unangenehmen Situation überrascht zu werden, ist es, die notwendigen Maßnahmen vorher einzuüben. Ein Propellerwechsel auf See ist so eine Situation, von der man hofft, daß sie nie vorkommt. Wenn doch, kann man sie mit ein bißchen Übung viel leichter bewältigen.
Besonders aufpassen muß man beim Propellerwechsel, daß die Distanzscheibe nicht über Bord geht. Dieses wichtige Teil hat die unangenehme Angewohnheit, mit dem Fett am Propeller klebenzubleiben wie eine Untertasse an der Tasse. Sobald der Prop von der Welle gezogen wird – platsch! Die Scheibe rutscht ab, oft unbemerkt. Der neue Propeller wird dann ohne die Scheibe montiert und die Propellermutter festgezogen. Die Distanzscheibe sorgt dafür, daß zwischen Propeller und Unterwasserteil ein Spalt bleibt. Ohne sie kommt der Prop so weit nach vorne, daß er das Gehäuse berührt. Im normalen Betrieb werden Sie wahrscheinlich

wegen des Motorlärms das mahlende Geräusch überhören, das entsteht, wenn der Propeller das Gehäuse wegschleift. Wenn der Schaden entdeckt wird, ist es meistens zu spät; beide Teile müssen ersetzt werden, und das nur, weil ein billiges Kleinteil verlorenging.

Leicht geht auch die Propellermutter über Bord. Das ist allerdings kein so großes Problem: Solange Sie nicht den Rückwärtsgang benutzen, sollte der Propeller notfalls auch ohne Mutter auf der Welle bleiben.

Ebenfalls üben, entweder in ruhigem Wasser oder sogar an Land, sollte man den Notstart mit dem Starterseil an der Schwungscheibe. Dazu nimmt man die Haube und die Abdeckung des Schwungrades ab oder, bei Handstartern, die Startmechanik. Sie brauchen den Motor nicht einmal tatsächlich zu starten; das geht im Ernstfall mit überraschend wenig Aufwand.

Starten Sie einen wassergekühlten Außenborder niemals an Land. Seine Wasserpumpe wird durch das Wasser gekühlt und geschmiert, und wenige Sekunden ohne Wasser reichen aus, die Flügel des Pumpenimpellers zu verbrennen. Wenn Sie dann den Motor im Wasser wieder anlassen, kommt ein scheinbar einwandfreier Kontrollstrahl aus der Öffnung, und alles sieht aus, als sei die Kühlung in Ordnung. In Wirklichkeit sind möglicherweise Teile des Impellers abgebrochen und blockieren nun die Kühlung lebenswichtiger Teile. Deshalb die einfache Regel: Niemals den Motor außerhalb des Wassers starten.

Wartung

Vorsorgliche Wartung

Niemand gibt gerne mehr Geld aus als nötig, das gilt auch für die Wartung. Auf Wartung ganz zu verzichten spart kurzfristig Geld, sorgt aber dafür, daß es irgendwann sehr viel teurer wird. Vorsorgliche Wartung dagegen stellt sicher, daß diese Kosten ausbleiben, und sie verhindert, daß

Ausfälle oder unzulängliche Funktion Ihnen den Spaß an Ihrem Boot verderben.

Es liegt im ureigensten Interesse jedes Herstellers, daß der Kunde mit seinem Außenborder zufrieden ist; deshalb basieren die besten Servicepläne für die vorsorgliche Wartung auf den Erfahrungen der Hersteller. Sie stehen, normalerweise in Tabellenform, in der Betriebsanleitung. Wurde der Außenborder in Salzwasser benutzt, spülen Sie danach das Kühlsystem mit Frischwasser, damit sich keine Salzkristalle ablagern und die Kühlkanäle blockieren. Waschen Sie auch die Außenseite des Motors, um Salz und Sand vom Lack zu entfernen, und sprühen Sie Motor und Zündung mit einem wasserabweisenden Rostschutzmittel (z. B. WD 40) ein.

Wenn Sie den Außenborder vom Boot abnehmen, lösen Sie (wenn vorhanden) die Ablaßschraube am Vergaser und lassen Sie eventuell im Vergaser verbliebenes Benzin in einen Lappen laufen. Lassen Sie den Motor solange in senkrechter Position, bis alles Wasser herausgelaufen ist. Legen oder tragen Sie den Motor nie so, daß das Unterwasserteil höher ist als der Motor, sonst könnte Wasser aus dem Auspuff in die Zylinder laufen. Bei Viertaktern muß der Motor auf eine bestimmte Seite (siehe Bedienungsanleitung) abgelegt werden, sonst läuft Öl aus.

Schmieren Sie regelmäßig alle 50 Stunden (bei Betrieb in Salzwasser alle 25 Stunden) alle Schmierpunkte, die Propellerwelle und sämtliche Bowdenzüge und Gelenke von Lenkung, Gas und Schaltung.

Einwintern

Die meisten Eigner nutzen den Winter für die jährliche Wartung und lassen dabei den Motor gleich „einwintern"! Die Bezeichnung ist eigentlich irreführend, denn wenn Sie mit dem Einwintern bis zum Winter warten, kann der Außenborder schon kaputt sein. Mit gutem Grund sollte man diesen Service gleich am Ende der Saison durchführen.

Während des Betriebs sickert Wasser in das Getriebegehäuse und bleibt dort, bis es mit dem Getriebeöl abgelassen wird. Bei manchen Modellen gibt es im Unterwasserteil mindestens einen Kühlwasserkanal, der verstopfen und das Wasser am Ablaufen hindern kann. Bei sinkenden Temperaturen kann ein Außenborder, der in einem Schuppen oder einer ungeheizten Garage gelagert ist, einfrieren, das gefrierende Wasser dehnt sich aus, und auch kleine Mengen reichen aus, um das Gußgehäuse zu sprengen. Machen Sie also den Winter-Service vor dem Winter, sonst kann es zu spät sein.

Auch hier gibt die Bedienungsanleitung an, was bei dem entsprechenden Motortyp zu tun ist; die wichtigsten Punkte finden Sie in Anhang B.

Korrosion

Die meisten von uns haben schon einmal Korrosion erlebt und kennen den Schaden, den sie bei einem Auto anrichten kann; bei Booten wirkt sie im Prinzip genauso, nur viel schneller und zerstörerischer. An Land verbindet man den Begriff meist mit „alt"; bei Bootsmotoren kann Korrosion brandneue Teile innerhalb weniger Wochen zerstören, genauso wie Ihr Bankkonto. Wenn man aber weiß, wie Korrosion entsteht und worauf man achten muß, läßt sie sich leichter bekämpfen.

Außenborder bestehen, wie schon gesagt, hauptsächlich aus Aluminium, teils wegen der Gewichtseinsparung, teilweise, um sie vor dem Rost zu bewahren, der den stählernen Karrosserien unserer Autos so zusetzt. Warum gibt es dann trotzdem Korrosion bei Außenbordern?

Die Antwort ist: Sie sind anfällig für ein weit hinterhältigeres Phänomen namens galvanische Korrosion.

Eine Batterie besteht aus zwei unterschiedlichen Metallen in einer elektrisch leitenden Flüssigkeit. Verbindet man die beiden Metalle, fließt ein Strom, und eines der Metalle löst sich auf. Welches das ist, hängt von seiner Position in einer Tabelle ab, die man als galvanische oder elektrochemische Spannungsreihe bezeichnet. Ein Auszug aus dieser Liste sähe so aus:

Magnesium	stark aktiv (unedel)
Zink	
Aluminium	
Eisen	
Stahl	
Messing	
Kupfer	
Bronze	
Edelstahl	
Silber	
Gold	am wenigsten aktiv (edel)

Metalle am oberen Ende der Tabelle sind aktiver als solche am unteren. Wenn zwei dieser Metalle verbunden und in eine leitende Flüssigkeit (Elektrolyt) getaucht werden, fließt ein Strom, und das aktivere Metall löst sich auf.

Außenborder bestehen zum größten Teil aus dem Aluminiumgehäuse (stark aktiv) und Wellen aus rostfreiem Stahl (wenig aktiv), untergetaucht in Wasser, das wegen seiner Leitfähigkeit als Elektrolyt dienen kann, die unterschiedlichen Metalle sind miteinander leitend verbunden – perfekte Voraussetzungen für galvanische Korrosion.

Je stärker verunreinigt der Elektrolyt und je wärmer das Wasser ist, desto schneller wirkt die Korrosion. Mit anderen Worten: Die Korrosion ist in warmem Seewasser stärker als in kaltem Süßwasser. Bei einem Außenborder kann man natürlich am Elektrolyten nichts ändern, also muß der Ausweg anderswo gefunden werden.

Die Außenborder-Hersteller haben das Problem gelöst, indem sie die Korrosion buchstäblich mit ihren eigenen Waffen schlagen. Anstatt eines teuren Aluminiumgehäuses als aktivstes Metall im Stromkreis wird eine billige, leicht zu ersetzende Anode aus einer Zink/Aluminium-Mischung, die noch aktiver ist, der Korrosion zum Fraß vorgeworfen – das Aluminium des Unterwasserteils bleibt verschont.

Solange das Zink/Aluminium-Teil, treffend Opferanode genannt, mit dem weniger aktiven Metall des Motors elektrisch verbunden ist und unter Wasser bleibt, schützt es den Außenborder vor Korrosion. Man darf nur

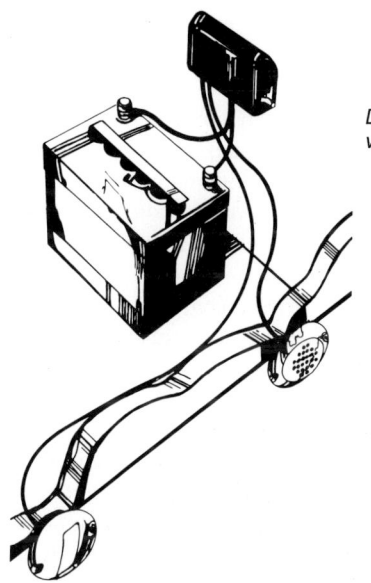

Das kathodische Schutzsystem „MerCathode",
von Mercury/Mariner angeboten.

nicht vergessen, daß die Korrosion nicht gestoppt, sondern nur umgeleitet wird.

Es ist daher klar, daß die Anode das Aluminium nur dann schützt, wenn
1. sie guten elektrischen Kontakt mit dem Außenborder hat und
2. die Oberfläche mit dem Wasser in Kontakt ist, also weder übermalt ist noch über der Wasseroberfläche liegt.

Sind diese Bedingungen erfüllt, ist der Außenborder so lange geschützt, wie die Anode nicht aufgebraucht ist.

Kleine Außenborder haben nur eine Anode, größere Modelle zwei oder mehr. Die Hauptanode ist normalerweise unter der Kavitationsplatte montiert und dient bei Motoren über 15 PS gleichzeitig als Trimmflosse. Für den Fall, daß der Eigner den Motor hochschwenkt und die Anode aus dem Wasser kommt, ist meist an der Halterung eine zweite angebracht. Beide Anoden sollten regelmäßig überprüft werden; sind sie zur Hälfte aufgebraucht, ist ein Austausch fällig.

Einige Modelle haben sogar in den Kühlwasserkanälen von Motor und Getriebegehäuse Anoden. Diese müssen kaum jemals ausgetauscht werden. Wenn nötig, lassen Sie sich von Ihrem Händler beraten.

5 Die Wartung Ihres Außenborders

Wenn aus irgendeinem Grund ein Teil des Motors den elektrischen Kontakt mit dem Rest des Außenborders verliert, ist es nicht mehr durch die Anode geschützt und korrodiert. Als Vorsichtsmaßnahme sind bei größeren Außenbordern die wichtigsten Teile untereinander durch stählerne Erdungskabel verbunden, so daß selbst dann eine Schutzwirkung besteht, wenn die Schrauben sich gelockert haben.

Propeller oder Trimmklappen aus Edelstahl beschleunigen die Korrosion, und die Anode verbraucht sich schneller. Ein Landstromanschluß in der Marina hat den gleichen Effekt, es sei denn, Sie benutzen eine galvanische Trennung. Auch Antifoulings auf Kupfer- oder Quecksilberbasis beschleunigen die Korrosion und sollten niemals zusammen mit Außenbordern oder Z-Antrieben verwendet werden. Benutzen Sie nur solche Antifoulings, die vom Antriebshersteller empfohlen werden.

Mercury und Mariner bieten einen elektrischen Korrosionsschutz namens MerCathode an, der Opferanoden überflüssig macht. Das System arbeitet mit Batteriestrom und neutralisiert den galvanischen Strom durch einen gleichstarken, aber gegengerichteten Strom – eine einfache, effektive und wartungsfreie Problemlösung.

Routinemäßig sollten Sie Lackschäden mit Grundierung und passendem Decklack reparieren. Lose Farbe entfernen Sie besser mit Schleifpapier als mit einer Stahlbürste, deren Borsten sich in das Aluminium bohren und eine winzige Stahl/Aluminium-Batterie bilden können.

Motor über Bord

Trotz aller Vorsichtsmaßnahmen wie einer Sorgleine oder der festen Montage können Sie eines Tages das Pech haben, daß der Motor über Bord geht. Kein Grund zur Verzweiflung, vielleicht ist alles gar nicht so schlimm wie es aussieht. Wie Sie und die Werkstatt mit einem auf Grund gegangenen Motor umgehen sollten, hängt von verschiedenen Faktoren ab, so zum Beispiel, ob der Motor lief, als er unterging, und was passierte, nachdem Sie ihn herausgefischt hatten.

Wenn die Maschine beim Untergehen lief, hat sie wahrscheinlich Wasser durch den Vergaser angesaugt. Da Wasser nicht wie Luft verdichtet werden kann, sind möglicherweise innere Schäden wie verbogene Pleuel eingetreten. Ein weiteres Problem ist die Korrosion.
Stand der Motor still, gibt es auch keine mechanischen Schäden, Korrosion ist das einzige (!) Problem.
Während der Motor unter Wasser ist, ist die Korrosion in brackigem oder salzhaltigem Wasser stärker als in Süßwasser. Doch solange keine Luft hinzukommt – also solange der Motor unter Wasser bleibt –, wirkt sie recht langsam. Selbst wenn der Motor Tage oder in Süßwasser Wochen unten bleibt, ist nicht alles verloren!
Sobald der Motor wieder an die Luft kommt, tickt die Bombe. In der ersten Stunde läuft die Korrosion nur langsam an, aber dann beschleunigt jede Minute den Schaden.
Wenn keine sofortige technische Unterstützung möglich ist, läßt man den Motor lieber untergetaucht, bis man Hilfe organisiert hat. Das Schlimmste, was Sie tun können, ist den Motor sofort zu heben, ihn über Nacht trocknen zu lassen und am nächsten Tag in die Werkstatt zu bringen.
Ein Beispiel: Wenn der Motor am Samstag über Bord geht und am Sonntag alle Werkstätten geschlossen sind, lassen Sie ihn das ganze Wochenende unter Wasser. Am Montagmorgen rufen Sie die Werkstatt an und alarmieren sie, daß Sie einen abgesoffenen Motor bringen, der sofort versorgt werden muß, und erst dann – nur dann – fischen Sie ihn aus dem Wasser.
Vorsorgen ist natürlich besser als Heilen, aber ein solcher Unfall ist nicht notwendigerweise eine Katastrophe, vorausgesetzt, Sie tun das Richtige. Es ist schon vorgekommen, daß ein Außenborder unterging und dank der Arbeit erfahrener Mechaniker nach 12 Minuten wieder im Rennen war – und gewann.
Wenn Sie einen abgesoffenen Außenborder selbst instand setzen wollen oder müssen, gehen Sie so vor wie in Anhang C beschrieben.

6 Sicherheit an Bord

Der „sichere" Motor

Das Verlockende an Außenborderbooten ist, man kann sie – theoretisch – mit verschieden starken PS-Klassen motorisieren. Eine schwächere Maschine für den vorsichtigen Fahrer und seine vielleicht etwas ängstliche Familie und ein Kraftpaket für denjenigen, der den Rausch der Geschwindigkeit über alles liebt. Bootshändler sind auch nur Menschen, und so sind sie denn gerne geneigt, ihrem Kunden zu einem bestimmten Boot nahezu jede PS-Klasse zu verkaufen. Gelegentlich auch eine viel zu starke. Stark motorisierte Boote aber gehören nicht in die Hand eines Neueinsteigers. Auch wer sein Boot üblicherweise nur gelegentlich im Urlaub fährt, beherrscht eine schwere Maschine nicht. Im Gegenteil: Er bringt sich und andere damit in Gefahr. Ein stark motorisiertes Boot verlangt eine ausgefeilte Fahrtechnik, und die gewinnt man nur durch intensive Fahrpraxis.

Wie also findet man als Käufer, der kein Risiko eingehen will, die richtige Motorisierung? Es gibt eine Kurve, die auf langjährigen Erfahrungen der amerikanischen Boating Industry Association basiert. Sie wurde eigens erarbeitet, um Fahrer von Außenborderbooten davor zu bewahren, sich PS-mäßig zu übernehmen. Sie zeigt die maximale „sichere" Motorisierung für einen versierten Fahrer. Der noch unsichere sollte sich mit der Hälfte bis Dreiviertel der PS bescheiden. Die maximale Motorisierung ist eigentlich nur dann empfehlenswert, wenn häufig Wasserski gelaufen werden soll. Um in die Tabelle eingehen zu können, errechnen Sie Ihre Bootsgröße in m^2 aus der Gesamtlänge des Bootes und der Breite des Spiegels in der Wasserlinie.

Der „sichere" Motor

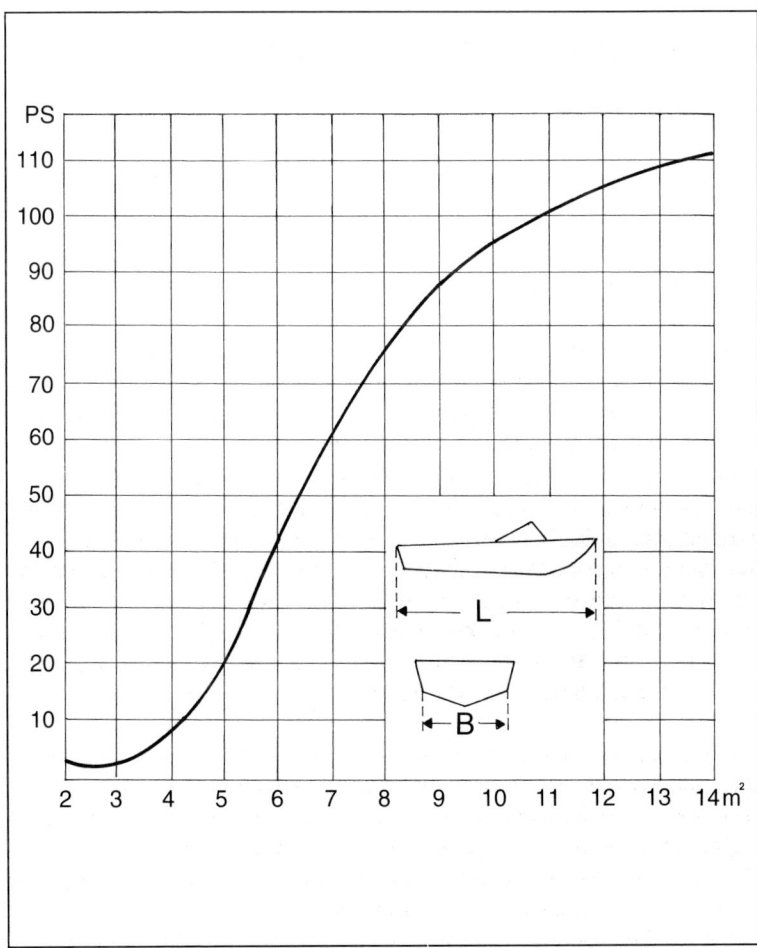

So finden Sie den richtigen Außenborder für Ihr Boot. Die Bootsgröße errechnet sich in diesem Fall aus der Gesamtlänge des Bootes und der Breite des Spiegels in der Wasserlinie. Beispielsweise: 4,70 m lang x 1,80 m breit = 8,46 m². Dafür wäre die maximale Motorisierung 85 PS. Empfehlenswert wären 60 bis 70 PS.

Rettungswesten

Rettungswesten sind nicht zu verwechseln mit simplen Auftriebshilfen wie beispielsweise die beim Wasserski benutzten Westen. Rettungswesten sollen in der Lage sein, eine ohnmächtig im Wasser treibende Person automatisch in eine Rückenlage zu drehen, damit Mund und Nase über Wasser liegen. (Ohnmacht, beziehungsweise Apathie tritt sehr schnell durch Auskühlung ein – auch bei sommerlichen Wassertemperaturen.)
Es gibt zwei Typen von Rettungswesten: 1. Feststoffwesten. Sie sind mit geschlossen-zelligem Schaumstoff gefüllt und besitzen dadurch praktisch „eingebauten" Auftrieb. Sie sind aber recht sperrig und nicht besonders angenehm zu tragen (weshalb sie denn auch ungern angelegt werden). 2. Luftgefüllte Westen. Für sie gibt es verschiedene Aufblassysteme: Entweder wird eine CO_2-Patrone durch Seewasser aktiviert oder mit einer Reißleine ausgelöst, oder aber die Weste wird mit dem Mund aufgeblasen. Tatsächlich aber ist kaum jemand in der Lage, in einer Notsituation im Wasser seine Weste von Mund aufzublasen. Die teurere, aber sichere Lösung ist eine CO_2-Rettungsweste.
Grundsätzlich müssen die Rettungswesten so verstaut sein, daß man sie sofort erreichen kann. Sie sind völlig nutzlos, wenn sie in einem Schapp verstaut sind, das gelegentlich von öligem Bilgenwasser überschwemmt wird, und langsam vor sich hin rotten, oder in einem verwinkelten Eckchen, das man erst nach langem Gefummel erreicht.
Bei manchen Arbeiten, so auf dem Vordeck oder beim Propellerwechsel, ist es sinnvoll, auf Nummer Sicher zu gehen und die Rettungsweste zu tragen. Bootfahren sollte Spaß machen, und wenn jemand sich mit Weste wohlfühlt, sollte er (oder sie) sie dauernd tragen. Kinder sollte man ohnehin an Bord unter allen Umständen Westen tragen lassen.

Bilgepumpen

Bei ganz kleinen Booten reicht ein Eimer und ein Schwamm zum Entfernen von Wasser, das sich in der Bilge angesammelt hat. Größere Boote brauchen eine fest eingebaute mechanische Bilgepumpe. Ist das Boot mit einer Batterie ausgerüstet, lohnt sich eine zusätzliche elektrische Bilgepumpe. Der Einbau einer elektrischen Bilgepumpe mit eingebautem oder separatem Schalter ist sehr einfach. Sobald das Wasser dann ein vorbestimmtes Niveau erreicht, schaltet sich die Pumpe ein und arbeitet so lange, bis der Pegel um ein bestimmtes Maß gesunken ist. Weil die Pumpe oder die Elektrik ausfallen kann, sollte vernünftigerweise trotzdem eine manuelle Pumpe vorhanden sein.

Gelegentlich werden in Bootszeitschriften Bilgepumpen getestet, und es ergeben sich immer wieder Unterschiede, manchmal bis zu 50 %, zwischen der vom Hersteller angegebenen und der im Test festgestellten Leistung. Die Hersteller erklären das normalerweise damit, daß die Zeitschrift nach einer anderen Methode gemessen hat. Beim Kauf einer Bilgepumpe ist es deshalb besser, großzügig zu sein und lieber zu viel Leistung zu kaufen.

Feuerlöscher

Ein weiterer Vorzug des Außenborderbootes ist das geringere Brandrisiko: Es gibt keinen Maschinenraum unter Ihren Füßen, in dem sich Benzin und explosive Dämpfe ansammeln und nur darauf warten, Feuer zu fangen.

Trotzdem sollten Sie immer mindestens einen Feuerlöscher in Reichweite des Fahrers an Bord haben; ist eine Kabine vorhanden, sollte dort ein zweiter Löscher vorhanden sein. Bootsfeuerlöscher sollten so leicht sein, daß man sie mit einer Hand halten kann, also nicht größer als 2,5 kg, denn die andere Hand könnten Sie zum Festhalten benötigen. Die wahrscheinlichste Stelle, an der auf einem Außenborder-Kajütboot ein Feuer ausbrechen kann, ist tatsächlich die Pantry. Solche Feuer –

meist entzündetes Fett – lassen sich am besten mit einer Löschdecke bekämpfen, die auch hervorragend geeignet ist, in Brand geratene Kleidung zu löschen.
Nachdem Halon-Löscher nicht mehr verwendet werden dürfen – Halon ist ein FCKW, und Fluor-Chlor-Kohlenwasserstoffe werden für den Abbau der Ozonschicht verantwortlich gemacht –, sind Pulverlöscher die beste Wahl. Sie eignen sich für alle Arten von Bränden, verursachen keine Dämpfe und sind auch in engen Wohnräumen sicher in der Anwendung, im Gegensatz zu Kohlendioxid-Löschern, die in bewohnten Innenräumen nicht eingesetzt werden sollten.
Feuerlöscher für den Bootsgebrauch haben einen Behälter aus Aluminium, der korrosionsbeständiger ist als der im Haushalt übliche Stahlzylinder. Wie überall, wird auch an Bord der Löscher oft installiert und dann vergessen, bis er gebraucht wird. Damit er im Ernstfall auch funktioniert, muß er aber innerhalb der vom Hersteller vorgeschriebenen Intervalle überprüft werden. Am besten sind die Modelle mit eingebautem Manometer, das jederzeit anzeigt, ob der Löscher noch in Ordnung ist.

Sonstige Sicherheitseinrichtungen

Für die Sicherheit von Fahrern, speziell kleiner Außenborderboote, gleichgültig ob es sich um Fest- oder Schlauchboote handelt, ist ein Quickstop-Notschalter unerläßlich. Nur allzu leicht kann man in rasanter Fahrt, bei einer verrissenen Kurve oder dem Sprung über eine Welle die Gewalt über sein Boot verlieren und womöglich sogar außenbords katapultiert werden, während das Boot führerlos weiterrast. Die Schnur des Quickstops trägt man am Handgelenk oder am Gürtel. Ein Riß an der Schnur – und der Motor ist kurzgeschlossen. In einigen Ländern ist der Quickstop für Außenborderfahrer sogar vorgeschrieben.
An Bord eines Bootes kann selbst eine Kleinigkeit, wie eine durchgebrannte Sicherung, zu unangenehmen Situationen führen. Selbst wenn Sie Ersatzsicherungen dabei haben, nützt Ihnen das nichts, wenn das Licht ausgefallen ist und Sie wegen Dunkelheit nicht sehen können. Eine

Sonstige Sicherheitseinrichtungen

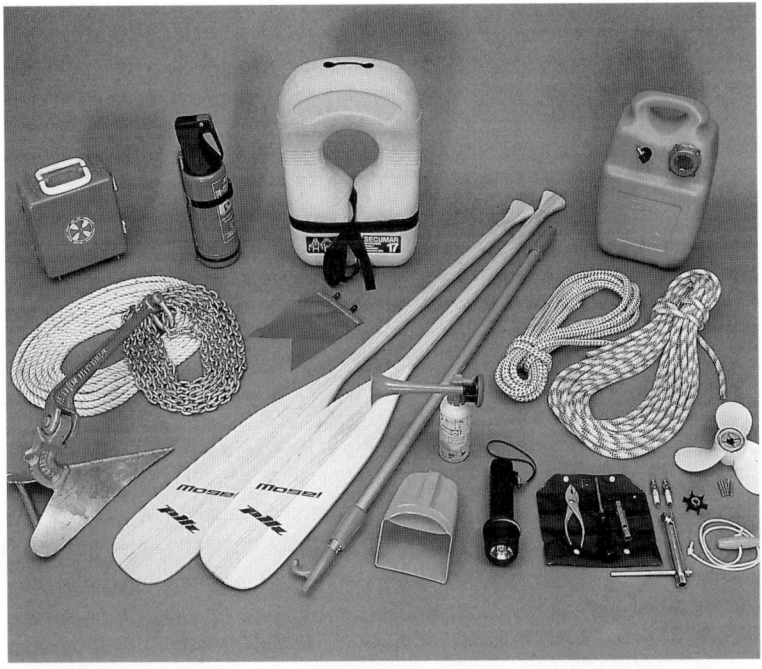

Die Sicherheitsausrüstung für ein Außenborderboot: Anker mit Ankertrosse – 2 Stechpaddel – Bootshaken – Schöpfgefäß (einige Boote sind mit einer elektrischen Lenzpumpe ausgerüstet) – Signalhorn – Wasserdichte Taschenlampe – Schleppleine – Festmacheleine – Werkzeugtasche – Scherstifte – Zündkerzen und Kerzenschlüssel – Reservepropeller – Reservekanister – Rettungsweste oder Rettungskragen entsprechend der Anzahl der Bootsinsassen – Rote Notflagge – 2-kg-Feuerlöscher – Erste Hilfe.

wasserdichte Stablampe und ein Satz Ersatzbatterien gehören auf jedes Boot.

Zwei Paddel oder ein Satz Riemen sind empfehlenswert. Sie helfen nicht nur für den Fall eines Motordefekts, sondern sind auch in flachem Wasser, zum Beispiel beim Heranfahren an den Trailer, sehr praktisch. Es überrascht immer wieder, wie viele Hindernisse in der Nähe von Slipanlagen unter Wasser liegen, und vorsichtiges Heranrudern kann Ihnen einen Propellerschaden ersparen.

Ein Anker gehört ebenfalls zu den Ausrüstungsgegenständen, die man normalerweise nicht braucht, die Ihnen aber manchmal aus kniffligen Situationen heraushelfen können. Es gibt viele verschiedene Typen von Ankern; im Normalfall gibt ein Patent- oder Pflugscharanker ordentlichen Halt und läßt sich recht gut stauen. Eine Ankerleine von 10 m Länge sollte für die meisten Zwecke ausreichen.

Wichtig ist eine Schlepptrosse, die zugleich als Fangleine beim Slippen dienen kann. Des weiteren sind mindestens zwei Festmacheleinen erforderlich, um sein Boot einigermaßen sicher an einem Steg oder einer ähnlichen Anlage zu vertäuen.

Auch ein Signalhorn kann nicht schaden. Es gibt beispielsweise Hafenein- und -ausfahrten, in denen auch kleine Boote vorgeschriebene Signale abgeben müssen. Außerdem kann man, in unübersichtlichen Situationen, durch entsprechende Kurssignale anzeigen, wie man ausweichen will und trägt damit entschieden zur Verkehrssicherheit auf dem Wasser bei.

7 Boot fahren – was sonst noch dazu gehört

Ohne Führerschein geht's (meist) nicht

Leider ist man auf dem Wasser nicht allein, sondern muß es mit zahlreichen anderen Verkehrsteilnehmern teilen. Um nun dieses Verkehrsgewimmel in geordnete Bahnen zu lenken, gibt es auch auf dem Wasser eine Fülle von Verkehrsvorschriften, die man kennen und befolgen muß. Um sie notgedrungen lernen zu müssen, schreiben die Gesetzesmacher Motorboot-Führerscheine vor. Nicht nur bei uns, sondern in den meisten Ländern.

Und wer braucht einen Motorboot-Führerschein? Jeder mit einem Motor von mehr als 5 PS (3,68 kW). Praktisch also jeder Motorbootfahrer. In Berlin ohnehin jeder. Weil nun auf der See manches anders ist als auf Seen, Flüssen und Kanälen, gibt es folgerichtig einen Sportboot-Führer-

Der Sportbootführerschein Binnen, ohne den niemand fahren darf, der mehr als 5 PS am Heck hat.

schein Binnen und einen (schwierigeren) Sportboot-Führerschein See, der für den Küstenbereich vorgeschrieben ist. Der Binnen-Führerschein gilt für Boote unter 15 Tonnen, also für alle Außenborderboote. Für den See-Führerschein gibt es keine Größen- oder Gewichtsbeschränkung des Bootes. Auf dem internationalen Bodensee kann man mit beiden Führerscheinen nichts bestellen. Dort braucht man das Bodensee-Schifferpatent Kategorie A für Motoren über 6 PS (4,4 kW). Mit Zweitakt-Außenbordern über 10 PS (7,4 kW) aber darf man den Bodensee überhaupt nicht befahren.

Die Prüfung besteht in allen Fällen aus einem umfangreichen theoretischen und einem minimalen praktischen Teil. Deshalb ist auch ein Führerschein keineswegs ein Beweis dafür, daß jemand tatsächlich Motorboot fahren kann. Im Gegenteil, in der Prüfung wird die Praxis fast sträflich vernachlässigt. Für die notwendige Fahrpraxis muß ein jeder selbst sorgen. Sicher ist es wenig ratsam, damit gleich im Getümmel einer viel frequentierten Wasserstraße zu beginnen.

Loswerden kann man seine Führerscheine auch wieder. Dann, wenn man wegen Gefährdung des Schiffsverkehrs rechtskräftig verurteilt worden ist, wenn man wiederholt Geldbußen kassiert hat, weil man gegen schiffahrtspolizeiliche Vorschriften verstoßen hat oder alkoholisiert sein Schiff lenkte und dabei erwischt wurde.

Aber selbst mit einem ordnungsgemäßen Motorboot-Führerschein in der Tasche darf man nicht überall dort mit seinem Boot losfahren, wo eine verlockende Wasserfläche dazu einlädt. Gewässer, die sich im Besitz von Ländern oder Kommunen befinden, sind oftmals für Motorboote gesperrt. Unbedingt zu beachten sind vielfach auch Geschwindigkeitsbeschränkungen. Wasserski laufen darf man nur auf besonders ausgeschilderten Strecken.

Bootskennzeichen müssen sein

Um „Verkehrssünder" auch dingfest machen zu können, müssen Boote auf den meisten Gewässern – auch im Ausland – gekennzeichnet sein. Drei verschiedene Möglichkeiten gibt es, sein Boot unverwechselbar zu markieren.
1. Die amtliche Kennzeichnung. Sie besteht aus zwei Buchstaben und einer Zahl. Ausgegeben werden sie auf Antrag von den Wasser- und Schiffahrtsämtern. Das Kennzeichen muß an beiden Seiten des Bugs angebracht werden.
2. Die Club-Kennzeichnung. Wer nämlich einem Motorboot-Club des Deutschen Motoryachtverbandes (DMYV) angehört, ist auf den meisten Gewässern von der amtlichen Kennzeichnungspflicht befreit. In diesem Fall muß das Boot den Bootsnamen oder die Nummer des Internationalen Bootsscheins auf beiden Seiten des Bugs tragen, am Heck den Clubnamen (auch abgekürzt) und den Heimathafen. Der Internationale Bootsschein gilt als Nachweis der Eintragung des Bootes in das Yachtregister des DMYV. Er dient ferner, als Schiffspapier, dem reibungslosen Grenzverkehr, wenn Sie mit Ihrem Boot ins Ausland reisen.
3. Die nichtamtliche Kennzeichnung. Sofern in seltenen Ausnahmen keine amtliche Kennzeichnung vorgeschrieben und der Bootsbesitzer nicht Clubmitglied ist, so muß der Bootsname auf beiden Seiten und außen und innen im Boot je ein Schild mit Name und Anschrift des Besitzers angebracht werden.

Flagge zeigen

Auch mit der Flaggenführung auf den Wasserstraßen sollte man sich auskennen, will man sich unliebsame Verwarnungen ersparen. Denn wer da glaubt, auf seinem Boot beliebig bunten Fahnenschmuck fröhlich im Winde flattern zu lassen oder aber überhaupt nichts zeigen zu müssen, der irrt sich. Mit ihrer Flaggenführung geht die Schiffahrt ziemlich pingelig um. Das hat Tradition. Die Nationalflagge, von Seefahrern kurz Nationale genannt, kann, aber braucht auf Binnengewässern nicht geführt zu werden. Statt ihrer darf man die Verbandsflagge des Deutschen Motoryachtverbandes hissen. Sofern man Mitglied ist. An der Küste hingegen darf man nur die Nationale zeigen. Jede dieser Flaggen muß an einem Flaggenstock am Heck gesetzt werden. Eigentlich soll der mittschiffs stehen. Weil dies bei Außenborderbooten kaum möglich ist, darf er ausnahmsweise auf die rechte (Steuerbord-)Seite rücken. Beileibe nicht auf die linke, wie man das bei ausländischen Importen gelegentlich mal sieht. Was man häufig an einem kleinen Stock am Bug flattern sieht, ist der Clubstander. Wer keinem Club angehört, mag da getrost seinen Hauswimpel knattern lassen.

Club-Mitgliedschaft

Sie meinen vielleicht, das riecht Ihnen zu sehr nach Vereinsmeierei? Die Zeiten der weißen Kragen und goldbestickten Blazer sind auch in den Motorboot-Clubs längst dahin. Sie haben weit mehr die Funktion von Interessengemeinschaften. Immer wieder gilt es, sich gegen Anfeindungen und Einschränkungen des Motorbootfahrens zur Wehr zu setzen. Clubs schaffen und beschaffen ihren Mitgliedern Liegeplätze. Sie veranstalten Führerscheinkurse- und -prüfungen oder auch gemeinsame Bootsausflüge. Der Erfahrungsaustausch der Mitglieder untereinander hat auch sein Gutes. Der Deutsche Motoryachtverband (DMYV), Dachorganisation aller Motorboot-Clubs, unterhält im Binnenland, an der Ostsee- und Nordseeküste über 100 Stützpunkte, in denen „durchreisende" Clubmitglieder betreut werden. Für sportlich Ambitionierte organisiert der DMYV Motorbootrennen, an denen man nur als Mitglied eines Clubs teilnehmen kann.

Wer jedoch sein Boot vielleicht nur einmal im Urlaub in Betrieb nimmt, es die übrige Zeit des Jahres in der Garage oder im Keller geparkt hat, der mag womöglich keinen großen Gewinn in einer Club-Mitgliedschaft sehen. Um Motorboot-Führerschein-Prüfungen machen zu können und eventuell den Internationalen Bootsschein zu erhalten, braucht man nicht einem Club anzugehören. Übrigens: Auch der ADAC unterhält für seine Mitglieder eine Motorboot-Abteilung. Über sie kommt man ebenfalls an Führerscheinkurse.

Anhang A

Wichtige Ersatzteile und Werkzeuge

An Bord mitgeführte Ersatzteile und Werkzeuge sollen dazu dienen, erste Reparaturen an besonders anfälligen Teilen vorzunehmen; für eine dauerhafte Instandsetzung aller möglichen Fehlerquellen brauchen sie nicht geeignet zu sein.
Einige Motorhersteller liefern einen Werkzeugsatz, der nach ihrer Auffassung die meistgebrauchten Teile enthält. Dazu gehören normalerweise:
– Zündkerzenschlüssel
– Umsteckbarer Schraubenzieher (für normale und Kreuzschlitzschrauben)
– Schraubenschlüssel zum Entfernen von Vergaser und Kraftstoffpumpe
– Schraubenschlüssel zum Entfernen des Handstarters
– Zange
Dazu gibt es wahrscheinlich die wichtigsten Ersatzteile:
– Notstartseil
– Satz Zündkerzen
– Spülansatz für das Kühlsystem
– Scherstifte für Propeller (falls vorhanden)

Zusätzlich würde ich folgende Ersatzteile dabei haben:
- Patrone für Kraftstoffilter
- Ersatzpropeller
- Distanzscheibe für Propeller
- Spiralband für Notstopschalter
- Zündschlüssel (gut versteckt)
- Scharfes Seglermesser
- Propellermutter mit passendem Schlüssel
- Schlüssel für Spiegelschrauben und -muttern.

Wenn Sie in Urlaub fahren, kann ein erweitertes Sortiment verhindern, daß Sie mit defektem Motor tagelang auf Ersatzteile warten müssen. Dazu gehören ein Teilesatz für die Kraftstoffpumpe, ein Ersatzimpeller für die Wasserpumpe und (wenn vorhanden) ein Satz Unterbrecherkontakte. Damit haben Sie zwar nur einen recht begrenzten Ersatzteilvorrat, aber für größere Reparaturen muß der Motor wahrscheinlich ohnehin demontiert werden, was meist ein paar Tage dauert und dem Importeur oder Großhändler genug Zeit läßt, die notwendigen Teile zu schicken.

Anhang B

Einwintern

Der Begriff Einwintern ist etwas irreführend; man sollte diesen Service am Saisonende durchführen, denn wenn der Winter erst da ist, kann es zu spät sein (siehe Kapitel 5).
Ihre Betriebsanleitung enthält Details zu den speziell für Ihren Motortyp notwendigen Arbeiten. Generell sollte ein Winterservice folgende Punkte umfassen:
1. Spülen Sie das Kühlsystem mit Süßwasser.
2. Lösen Sie die Kraftstoffleitung und lassen Sie den Vergaser leerlaufen. Sprühen Sie während der letzten 10 Sekunden ein Konservierungsöl in die Drosselklappe(n) ein.
3. Reinigen oder ersetzten Sie die Kraftstoffilter.
4. Entfernen Sie die Zündkerze(n), spritzen Sie je 10 ml Außenborderöl durch die Öffnungen und Drosselklappe(n). Drehen Sie dabei den Motor durch Drehen der Schwungscheibe einige Male durch. Setzen Sie die Kerzen lose wieder ein und verschließen Sie die Drosselklappe(n) mit einem ölgetränkten Tuch.
5. Waschen Sie den gesamten Motor mit Süßwasser und sprühen Sie ihn mit einem Rostschutzmittel ein.

6. Entfernen Sie den Propeller und überprüfen Sie ihn auf Schäden. Wenn nötig, geben Sie den Prop zur Reparatur. Fetten Sie die Welle ein.
7. Auch wenn der Motor am Boot bleibt, entfernen Sie die Batterie, laden sie und lagern sie kühl und trocken.
8. Prüfen Sie die Opferanode und ersetzten Sie sie, falls sie zu mehr als 50 % verbraucht ist.
9. Fetten Sie alle Schmierstellen, bewegliche Teile und Züge von Lenkung, Gas und Schaltung.
10. Säubern und fetten Sie die Fernschaltbox.
11. Ist das Handstartseil ausgefranst, ersetzen Sie es.
12. Wechseln Sie das Getriebeöl.
13. Prüfen Sie, ob die Abflußkanäle im Getriebegehäuse durchlässig sind. Gegebenenfalls reinigen Sie sie mit einem Pfeifenreiniger oder Druckluft.
14. Bessern Sie alle Lackschäden aus.
15. Entleeren Sie tragbare Kraftstofftanks. Metalltanks sprühen Sie mit Rostschutz aus. Entfernen Sie den Tankanschluß.
16. Entleeren und säubern Sie Einbautanks.
17. Überprüfen Sie die Kraftstoffleitungen auf mögliche Schäden und ersetzen Sie sie, wenn nötig.
18. Zu Beginn der neuen Saison können Sie den Motor wieder in Betrieb nehmen, indem Sie einfach alles, was Sie gelöst oder entfernt haben, wieder installieren. Am besten nehmen Sie neue Zündkerzen, beim Reinigen können Sie den Isolator beschädigen, was zum schnellen Verschleiß führt.

Anhang C

Motor über Bord – was tun?

Selbst bei den heutigen mit komplizierter Elektrik ausgerüsteten Außenbordern ist ein Über-Bord-Gehen nicht automatisch eine Katastrophe, vorausgesetzt, Sie können mit der Situation umgehen.
Wenn Sie nicht sofort technische Unterstützung herbeirufen können, lassen Sie den Motor besser unter Wasser, bis Sie Hilfe organisieren können. Korrosion entsteht, wenn feuchte Metalloberflächen mit Sauerstoff reagieren. Wenn der Motor unter Wasser bleibt, also nicht dem Luftsauerstoff ausgesetzt wird, entstehen weniger Schäden.
In der ersten Stunde nach dem Heben des Motors setzt Korrosion nur langsam ein, danach aber nimmt die Schädigung mit jeder Minute zu, die der Motor ohne Behandlung bleibt.
Wenn Sie einen über Bord gegangenen Außenborder selbst wiederbeleben wollen (oder müssen), gehen Sie folgendermaßen vor:
  1. Entfernen Sie Haube, Zündkerzen und Kraftstoffleitung.
  2. Spülen Sie das Innere des Motors gründlich mit sauberem Frischwasser. Drehen Sie dabei den Motor per Hand durch, damit alle Teile des Motors gründlich von Salz und Dreck gesäubert werden.

3. Waschen Sie den Motor von außen, einschließlich versteckter Teile wie denen unter dem Schwungrad.
4. Spülen Sie das Motorinnere mit Methylalkohol. Drehen Sie dabei wieder den Motor von Hand durch. So werden alle Metalloberflächen mit dem Feuchtigkeit bindenden Alkohol überzogen.
5. Spritzen Sie durch den Vergaser und die Zündkerzenlöcher Außenborderöl in den Motor, den Sie dabei wieder per Hand- oder Elektrostarter durchdrehen.
6. Füllen Sie so viel Öl in den Kraftstofftank, daß ein Gemisch von 10:1 erreicht wird.
7. Schließen Sie die Kraftstoffleitung wieder an und pumpen Sie mit der Gummiballpumpe, bis der Vergaser überläuft. Damit verdrängen Sie das Wasser aus dem System.
8. Betätigen Sie den Starter, manuell oder elektrisch, um überschüssiges Öl aus den Zylindern zu entfernen.
9. Montieren Sie Zündkerzen, Kerzenstecker und Notstopschalter.
10. Schalten Sie die Zündung ein und betätigen Sie den Starter, wenn nötig mit Choke.
11. Springt der Motor nicht an, versuchen Sie das Problem anhand der Fehlersuchliste in der Bedienungsanleitung zu beheben.
12. Sobald der Motor anspringt, lassen Sie ihn mit erhöhter Leerlaufdrehzahl (2000/min) eine halbe Stunde laufen. Damit ist sichergestellt, daß jegliche Feuchtigkeit entfernt ist und alle Lagerflächen mit Öl versorgt sind.
13. Bringen Sie den Motor so bald wie möglich zu einem Händler, der ihn auf Fehler hin untersuchen wird, die möglicherweise später zu Problemen führen könnten.

Anhang D

Ausstattungstabelle

Motor	Elektrisch.. Diesel.. Viertakt..
Zündung	Magnet.. Elektronisch.. Computer...
Kraftstoff	Gemisch.. Einspritzung... Ölbeimischung... Öleinspritzung..
Anlasser	Handstart... Hand- und Elektrostart....................................... Elektrostart..
Schaft	Kurz... Lang.. Extralang... Extra-Extralang..
Propeller	Konventionell... Nabenauspuff.. Hoher Rückwärtsschub..................................... Linksgängig...
Schaltung	Vorwärts.. Vorwärts + Leerlauf... Vorwärts + Leerlauf + Rückwärts.......................
Verschiedenes	Klemmschrauben.. Trimmflosse.. Powertrimm... Servolenkung.. Lichtmaschine... Flachwasserstellung... Gasdrehgriff.. Motorüberwachung... Sprachausgabe..

Benutzen Sie diese Tabelle, um die gewünschten Ausstattungsmerkmale auszuwählen. Suchen Sie dann den Hersteller, der Ihren Wunschmotor im Programm hat.
Die in der jeweiligen Leistungsklasse lieferbaren Ausstattungsmerkmale.

Modell (PS)																						
1	2	3	4	5	6	8	10	20	35	40	50	60	75	115	130	150	175	200	225	250	275	300

Anhang D

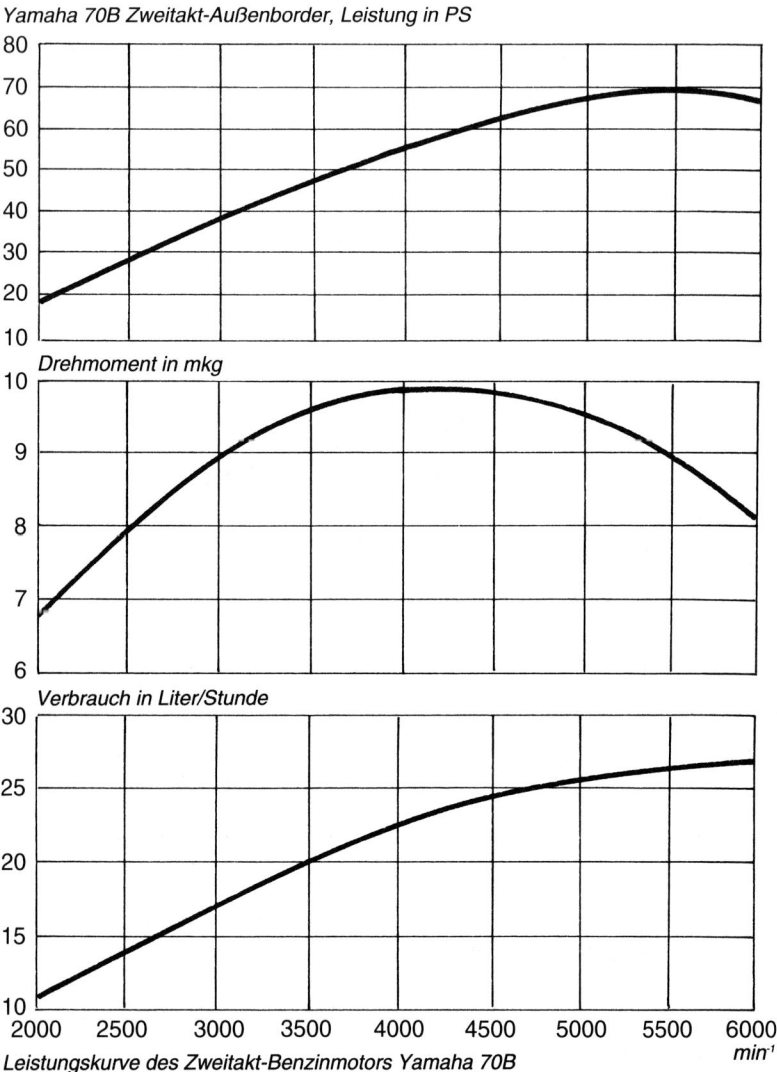

Leistungskurve des Zweitakt-Benzinmotors Yamaha 70B

Anhang D

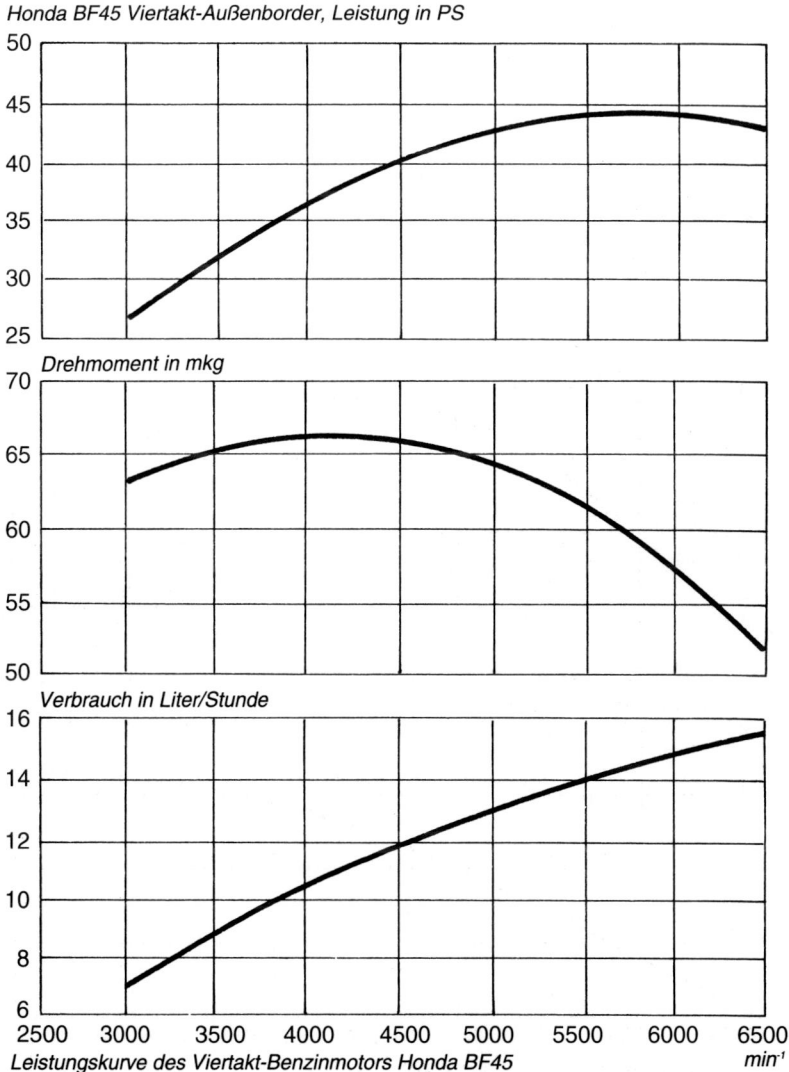

Leistungskurve des Viertakt-Benzinmotors Honda BF45

Anhang D

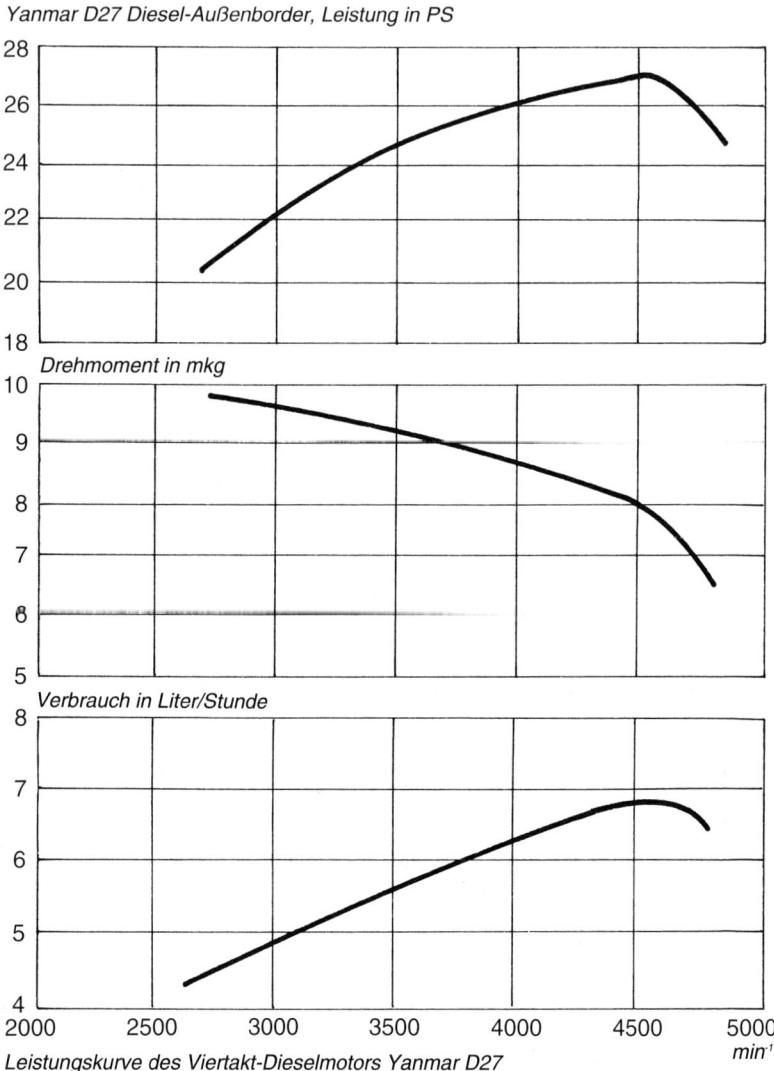

Leistungskurve des Viertakt-Dieselmotors Yanmar D27

Anhang D

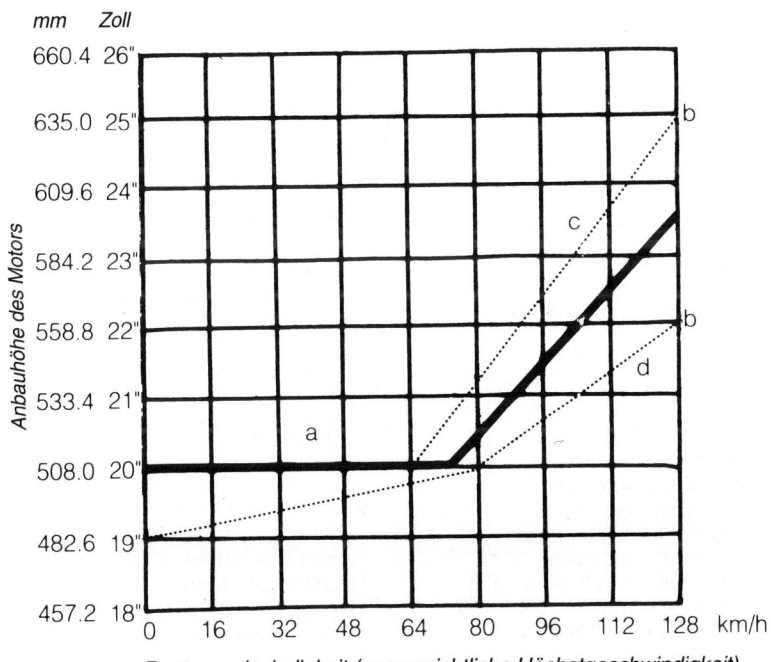

Bootsgeschwindigkeit (voraussichtliche Höchstgeschwindigkeit)

Bootsgeschwindigkeit im Verhältnis zur Anbauhöhe (Langschaft).

a Die durchgezogene Linie entspricht der empfohlenen Anbauhöhe. Je höher die Montage des Motors, desto stärker treten folgende Ergebnisse auf: 1) geringerer Ruderdruck, 2) höhere Endgeschwindigkeit, 3) bessere Fahrstabilität, jedoch auch 4) „Losbrechen" des Propellers besonders beim Verlassen der Gleitfahrt und bei schwerer Beladung.

b Die gepunkteten Linien entsprechen den extremsten in der Praxis als tauglich erwiesenen Montagehöhen.

c Diese Werte sollten benutzt werden, wenn es nur um Geschwindigkeit geht.

d Diese Werte gelten für Doppelmotoren-Anlagen.

Stichwortverzeichnis

A

American Motors Company 10
Ampèremeter 83
Außenborderöl 23
Autoblend Öl-Mischsystem 26
Autolube Öl-Einspritzsystem 25

B

Bass Boats 17
Batteriekapazität 89
Benzin-Einspritzsystem,
  elektronisches 32
Betriebsstundenzähler 84
Bilgepumpe, elektrische 133
Bilgepumpe, mechanische 133
Boating Industry of America 118
Bodensee-Schifferpatent 138

C

Club-Mitgliedschaft 140
Clubstander 140

D

Deutscher Motoryacht-
  verband 139, 140
Diesel-Außenborder 18
Dingis 49
Doppelmotor-Anlagen 66
Drehzahlmesser 80
Dualthrust-Propeller (Yamaha) 107

E

EFI 32
Einbautanks 87
Einhebelschaltung 78
Einwintern (des Motors) 122, 144
Elektromotoren 17
Elektrostarter 33
Entstörung 90
Ersatzteile 142
Evinrude Motor Company 10
Evinrude, Ole 10

F

Finze-Schubverstärker 57, 106
Flachwasserstellung 36
Flaggenführung 139
Flautenschieber 58

G

Geschwindigkeitsmesser 80
Getriebeöl 119

H

Handstarter 33
Highfive 95

I

ICOMIA 28 Norm 100

Stichwortverzeichnis

ICOMIA-Normen 43
Impellerlog 81
Internationaler Bootsschein 139
Internationales Einheitensystem SI 14
ISO-L-ETD-Norm 119
ISO-L-ETE-Norm 119

K

Kabelsteuerung 76
Kabinenkreuzer 55
Karmann-Wirbel 109
Kavitation 109 ff.
Kavitationsplatte 40
Kennzeichnung, amtliche 139
Kennzeichnung, Club- 139
Kennzeichnung, nicht amtliche 139
Klauenkupplung 40
Korrosion 125
Korrosionsschutz 91
Korrosionsschutzsystem
 MerCathode 127
Kraftstoff 116
Kraftstoffleitungen 88
Kraftstoffpumpen 31
Kraftstoffsysteme 30
Kraftstoffverbrauch 85
Kühlung 26
Kühlwassertemperaturanzeiger 82
Kunststofftanks 86

M

Magnetzündung 29
Metalltanks 85
Montagehöhe (des Motors) 64
Motordrehzahl 101 ff.
Motorhalterung 34, 59
Motorisierung, maximale 131
Motorisierungstabelle 131
Motorleistung 100

Motormanagement 29, 84
Motoröl 117

N

Nabenauspuff 41, 104
National Marine Manufacturers
 Association 118

Ö

Öleinspritzung 24
OMC-Accumix-Tank 86

P

Performance-Motorhalterungen 69
Power-Trimm 70
Power-Trimm-Anzeiger 83
Propeller 92 ff.
Propeller, Aluminium- 108
Propeller, Edelstahl- 108
Propeller, gegenläufige 40, 67
Propeller, Kunststoff- 108
Propellerdurchmesser 96
Propellerflügel 94
Propellerneigung 98
Propellerschutz 103
Propellersteigung 97
Propellerwölbung (Cup) 99
Pulver-Feuerlöscher 134

Q

Querstromspülung 21
Quickstop-Notschalter 134

Stichwortverzeichnis

R

Reduziergetriebe 38
Rennboote 60
Rennbootklassen 60
Rettungswesten, CO$_2$- 132
Rettungswesten, Feststoff- 132
Ruggerini 18
Rumpfgeschwindigkeit 56
Runabouts 53
Rutschkupplung 103

S

Schaftlängen 42 ff.
Scherstift 103
Schlauchboot-Dingis 48
Schmierfette, graphithaltige 120
Schmiermittel 22
Seilsteuerung 76
Selva 18
Servolenkung 78
Sicherheitsausrüstung 135
Sicherheitstanks 87
Spiegelhöhen 43
Sportbootführerschein Binnen 137
Sportbootführerschein See 138
Sportschlauchboote 50
Staudruck-Geschwindigkeitsmesser 44, 48
Steuerung, hydraulische 77

T

TC-W-Norm 118
TC-W II-Norm 118
TC2-Norm 118
Trimmflosse 73, 74, 75
Trimmklappen 74
Trimmstift (-bolzen) 73

Ü

Überhitzungsschutz 27
Umkehrspülung 21
Unterwasserteile 38

V

V-Antrieb 12
Ventilation 111
Verbandsflagge 140
Verdrängerboote 56
Verstellpropeller 105
Viertakt-Außenborder 18, 21
Voltmeter 83

W

Wasserdruckanzeiger 82
Wassereinlaß, doppelter 27
Wasserskiboote 53
Wynne, Jim 13

Z

Z-Antrieb 12
Zündsysteme 28
Zündsysteme, Hochenergie- 28
Zündung, elektronische 29
Zwei-Batterien-System 90
Zweihebelschaltung 79

Bitte beachten Sie
auch die folgenden Seiten

Die beste Vorbereitung auf den Sportbootführerschein Binnen

Heinz Overschmidt/ Ramon Gliewe
Sportbootführerschein Binnen – Motor
Mit dem offiziellen Fragenkatalog
Das Lehrbuch für Interessenten, die nur
den amtlichen Führerschein für Motor-
boote brauchen.
112 S. mit 160 farb. Abb., geb. DM 32,–
ISBN 3-7688-0658-8

Sportbootführerschein Binnen – Motor
Die amtlichen Prüfungsfragen und
-antworten für Übungszwecke
25 Prüfungsbogen farbig u. 25
Antwortbogen, Format DIN A 4, in Mappe
DM 26,– ISBN 3-7688-0707-X

Heinz Overschmidt/ Ramon Gliewe
**Sportbootführerschein Binnen –
Segel /Motor u. R-Schein**
Mit offiziellem Fragenkatalog
Das Lehrbuch für den amtlichen Befähi-
gungsnachweis unter Segel und /oder
unter Motor sowie für den R-Schein des
Deutschen Segler-Verbandes.
220 S. mit 520 farb. Abb., geb. DM 36,–
ISBN 3-7688-0657-X

**Sportbootführerschein Binnen –
Segel /Motor**
Die amtlichen Prüfungsfragen und
-antworten für Übungszwecke
35 Prüfungsbogen farbig u. 35
Antwortbogen, Format DIN A 4, in Mappe
DM 32,– ISBN 3-7688-0706-1

Preisänderungen vorbehalten!
Erhältlich im Buch- und Fachhandel

Delius Klasing
Verlag

Die **YACHT-BÜCHEREI** ist die preiswerte Bibliothek für eingehendes Fachwissen auf vielerlei Spezialgebieten. Diese Bände sind lieferbar:

1 **Das kleine Sternenbuch**
von W. Stein
8 **Wetterkunde**
von W. Stein/H. Schultz
9 **Knoten, Spleißen, Takeln**
von E. Sondheim
27 **Medizin an Bord**
von Dr. K. Bandtlow
28 **Kleines Signalbuch**
von E. O. Braasch
29 **Allgemeines Sprechfunkzeugnis**
von H. Overschmidt/C. Johann
32 **Bootspflege selbst gemacht**
von J. Schult
33 **Bootsreparaturen selbst gemacht**
von J. Schult
39 **So arbeitet das Segel**
von J. Schult
40 **Segeltechnik leicht gemacht**
von J. Schult
41 **Richtig ankern**
von J. Schult
50 **Spinnakersegeln**
von B. Aarre
52 **Kleine Boote selbst gebaut**
von H. Donat
54 **Die Wettsegelbestimmungen 1993–1996** von E. Twiname
55 **Bootsmotoren – Diesel u. Benzin**
von H. Donat
57 **Seeschiffahrtsstraßen-Ordnung**
von A. Bark
59 **Segler-Lexikon** (Doppelband)
von J. Schult
60 **Hafenmanöver**
von B. Schenk
62 **Radar auf Yachten**
von Hans G. Strepp
66 **UKW-Sprechfunkzeugnis**
von G. Hommer
67 **Kompaß-ABC**
von A. Heine
68 **Wie baue ich meine Yacht?**
von K. Reinke
70 **Chartern ohne Risiko**
von J. Herrmann/U. v. Hintzenstern
72 **Notfälle an Bord – was tun?**
von J. Schult (Doppelband)
74 **Psychologie an Bord**
von M. Stadler

79 **Yachtelektronik** von J. F. Muhs
81 **Schiffe aus zweiter Hand**
von H. Donat
84 **Yachtelektrik** von J. F. Muhs
86 **Das optimal getrimmte Rigg**
von P. Schweer
88 **Astronomische Navigation**
von W. Stein/W. Kumm
91 **Navigation leicht gemacht**
von W. Stein/ W. Kumm
92 **Kollisionsverhütungsregeln**
von A. Bark
93 **Wolken und Wetter**
von D. Karnetzki
94 **Match Racing** von J. Halbe
95 **Wie beurteile ich eine Yacht**
von J. F. Muhs
96 **Festkommen und abbringen, stranden und bergen**
von J. Schult
97 **Luftdruck und Wetter**
von D. Karnetzki
98 **Osmose-Behandlung**
von T. Staton-Bevan
99 **Wetterkarten mit PC-Software**
von D. Karnetzki
100 **Sturm – was tun?**
von D. von Haeften
101 **Gezeitenkunde**
von W. Kumm
102 **GPS Global Positioning System**
von W. Kumm
103 **Segler-Wörterbuch**
von J. Schult
104 **Außenbordmotoren**
von K. Henderson
105 **Wetterregeln für Segler**
von D. Karnetzki

Die Bibliothek wird laufend erweitert. Fragen Sie bitte Ihren Buchhändler, und beachten Sie unsere Ankündigungen.

 **Delius Klasing Verlag**

$51 : 9 = 56{,}66 \text{ kW} = 100 \text{ PS}$
$\frac{45}{60}$

$1 \text{ CH} = 0{,}75 \text{ kW}$